Aufgaben sind unterschiedlich schwer

Mit den Aufgaben am Ende jedes Kapitels könnt ihr euer Wissen überprüfen. Die Aufgaben stellen unterschiedliche Ansprüche:

AUFGABEN

1 *Mit den Aufgaben in grüner Schrift erreicht ihr das Basiswissen.*

2 *Bei Aufgaben in blauer Schrift steht die selbstständige Erarbeitung der Materialien im Vordergrund.*

3 *Mit den Aufgaben in roter Schrift eignet ihr euch Expertenwissen an.*

Manche Aufgaben bieten Hilfen

1 *Zu Aufgaben, die mit einem Pfeil ↗ gekennzeichnet sind, findet ihr Starthilfen im Anhang. Damit geht es dann leichter. Versucht zunächst jedoch, die Aufgaben ohne Hilfe zu bearbeiten!*

Aufgaben haben Symbole

Vor jeder Aufgabe steht ein Symbol, das euch einen Hinweis auf die Art der Aufgabe gibt. Die Übersicht zeigt euch, was die Symbole bedeuten.

- Schreibt etwas auf
- Löst die Aufgabe mündlich.
- Macht etwas mit euren Händen, zum Beispiel einen Versuch durchführen oder eine Karte zeichnen.
- Arbeitet mit dem Computer, zum Beispiel etwas im Internet suchen oder eine digitale Präsentation erstellen.
- Sammelt Informationen außerhalb des Klassenzimmers.

Wichtige Begriffe und Internetadressen werden hervorgehoben

Weil manche Begriffe besonders wichtig sind, werden sie blau hervorgehoben. Diese Grundbegriffe, zum Beispiel **Globus**, solltet ihr kennen und erklären können. Am Ende von jedem Kapitel werden die Grundbegriffe nochmals aufgelistet.
Die Erklärungen zu den Grundbegriffen könnt ihr im „Geo-Lexikon" (S. 193 – 195) nachlesen.

Weiterführende Internetadressen sind ebenfalls blau gekennzeichnet, zum Beispiel www.googlemaps.de.

Hilfen im Anhang

Wenn ihr selbstständig mit dem Buch arbeitet, sind die Starthilfen (S. 190 – 192) und das „Geo-Lexikon" (S. 193 – 195) eine Hilfe für euch.
In der Methoden-Übersicht (S. 198 – 201) findet ihr eine Auflistung von wichtigen Methoden.
Außerdem könnt ihr euch mit dem Kartenteil (S. 202 – 213) einen topografischen Überblick über die Räume verschaffen.

Digitales Schulbuch

Im Schulbuch findet ihr auf einigen Seiten dieses Symbol.

Web-Code:
WES-101540-011

Scannt ihr diesen QR-Code mit einer entsprechenden App auf eurem Smartphone oder Tablet ein oder gebt den Web-Code, zum Beispiel **WES-101540-011**, unter **www.westermann.de** ein, gelangt ihr zu den interaktiven Inhalten eures Schulbuches. Dort findet ihr Filme, interaktive Aufgaben oder Internetseiten mit Sachinformationen.

Viel Freude beim Lernen mit dem Buch!
Eure Autorinnen und Autoren

westermann

Seydlitz ERDKUNDE 1

Nordrhein-Westfalen

Differenzierende Ausgabe

Autorinnen und Autoren
Susanne Heise
Dr. Klaus Jägersküpper
Martin Kuhli
Katrin Minner
Frank Rüther
Holger Westmeier

Berater
Robin Schildknecht

unter Mitwirkung der Verlagsredaktion

Ernst von Seydlitz-Kurzbach lebte von 1784 bis 1849. Mit der Herausgabe des Lehrbuches „Leitfaden der Geographie“ im Jahre 1824 begründete er das traditionsreiche Unterrichtswerk „Seydlitz“.

westermann GRUPPE

Druck A[1] / Jahr 2021
Alle Drucke der Serie A sind im Unterricht parallel verwendbar.

Redaktion: Sebastian Lemke, Thomas Rahne
Druck und Bindung: Westermann Druck GmbH, Braunschweig

ISBN 978-3-14-**101540**-9

1 Die Erde erkunden 8

2 Leben in Nordrhein-Westfalen 34

3 Ein Blick auf Deutschland 58

4 Freizeit und Reisen 70

Die folgenden Kapitel sind im Gesamtband vorhanden.

5 Landwirtschaft versorgt uns 108

6 Industrie und Dienstleistungen versorgen uns 142

7 Räume im Wandel 176

Anhang 190

1 Die Erde erkunden

Auf dem Globus gibt es viel zu entdecken.

M1 Die Raumstation ISS schwebt circa 400 Kilometer über der Erde.

Die Erde – der Blaue Planet

Wenn man die Erde aus der Sicht eines Astronauten betrachten will, kann man das mit einem **Globus** machen (M2). Der Globus ist ein Modell der Erdkugel. Auf ihm ist der **Äquator** eingezeichnet – eine rund 40 000 Kilometer lange gedachte Linie um die Mitte der Erde. Diese teilt die Erde in eine nördliche und eine südliche Halbkugel.

Auf dem Globus kann man auch die Lage und Größe der **Kontinente** und **Ozeane** erkennen.
Die direkte Verbindung zwischen Nordpol und Südpol ist die Erdachse. Um sie dreht sich die Erde einmal am Tag. Die Erdachse eines Globus ist schräg, weil die Erde auch in dieser Stellung um die Sonne kreist.

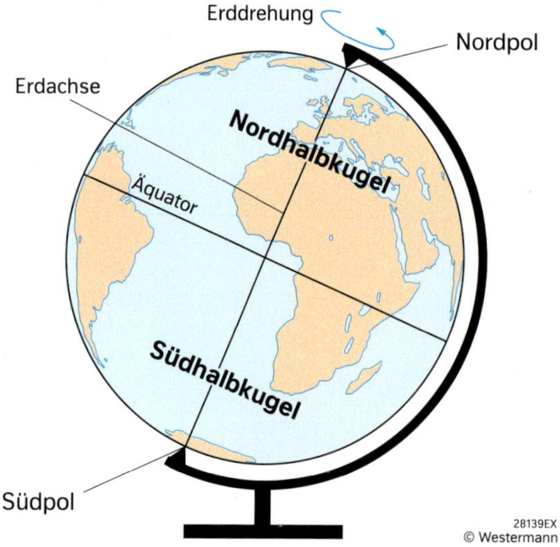

M2 Globus

AUFGABEN

1 *a) Zeichne eine Erdkugel in dein Heft. Orientiere dich an M2.*
b) Beschrifte die Erdkugel mit:
Äquator – Nordhalbkugel – Südhalbkugel – Nordpol – Südpol.

2 *Ordne die Begriffe aus M2 den Umschreibungen zu:*
- *gedachte Linie um die Mitte der Erde,*
- *zwei Hälften der Erde,*
- *nördlichster/südlichster Punkt der Erde,*
- *gedachte Linie zwischen diesen beiden Punkten.*

M3 Satellitenbild der Westhalbkugel

M4 Satellitenbild der Osthalbkugel

Die ISS im Weltall

Die Abkürzung ISS steht für International Space Station (deutsch: Internationale Raumstation). Bei diesem Projekt arbeiten 16 Länder zusammen und forschen gemeinsam.

Die ISS ist ein 455 Tonnen schweres Labor im Weltraum, das um die Erde kreist. Sonnensegel versorgen die Raumstation mit Energie. Die ISS ist etwa so groß wie ein Fußballfeld. Versorgungsraketen bringen Ersatzteile, Kleidung und Lebensmittel für die Besatzung.

Für eine Erdumrundung benötigt die ISS etwa 94 Minuten, so kann die Besatzung 15-mal am Tag die Sonne aufgehen sehen.

Um zu erkennen, dass Menschen im All leben können, musste ich ein halbes Jahr hier oben verbringen. Um zu erkennen, wie schön die Erde ist, brauchte ich eine Minute. Um zu erkennen, wie zerbrechlich unser kleiner Blauer Planet ist, brauchte ich nur einen Augenblick.

M5 Der Astronaut Alexander Gerst, einen Tag vor seiner Rückkehr von der ISS zur Erde (08.11.2014)

AUFGABEN

3 *Beschreibe mithilfe des Globus (M2) die Aufteilung der Erde.*

4 *Begründe, weshalb man die Erde auch als Blauen Planeten bezeichnet (M1, M3, M4).*

5 *Erkläre, was die vier Farben (Hellbraun, Grün, Blau, Weiß) auf den Satellitenbildern bedeuten (M3, M4).*

6 *Erkläre die Aussage von Alexander Gerst über unsere Erde (M5).*

7 *Recherchiere, wo sich die ISS zur Zeit befindet (M6).*

Wo sich die ISS gerade befindet, kann man live im Internet verfolgen, zum Beispiel auf der Seite spotthestation.nasa.gov (→ auf „Live ISS Tracking Map" klicken).

Verschiedene Kameras senden Bilder aus der ISS zur Erde. So kann man die Erde von oben betrachten.

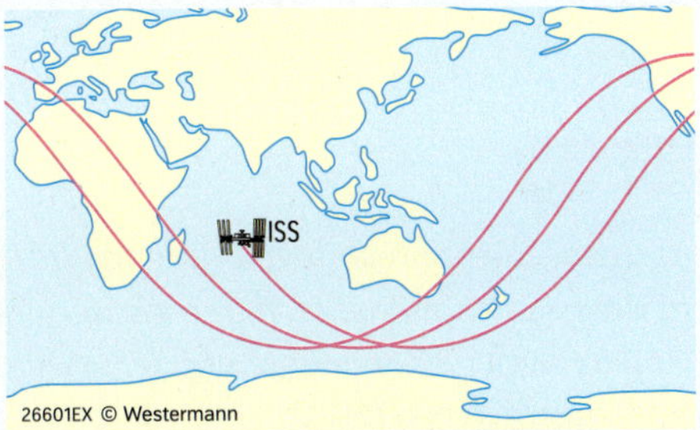

M6 Auf den Spuren der ISS

S: die Erde als Blauen Planeten verstehen

Web-Code: WES-101540-011

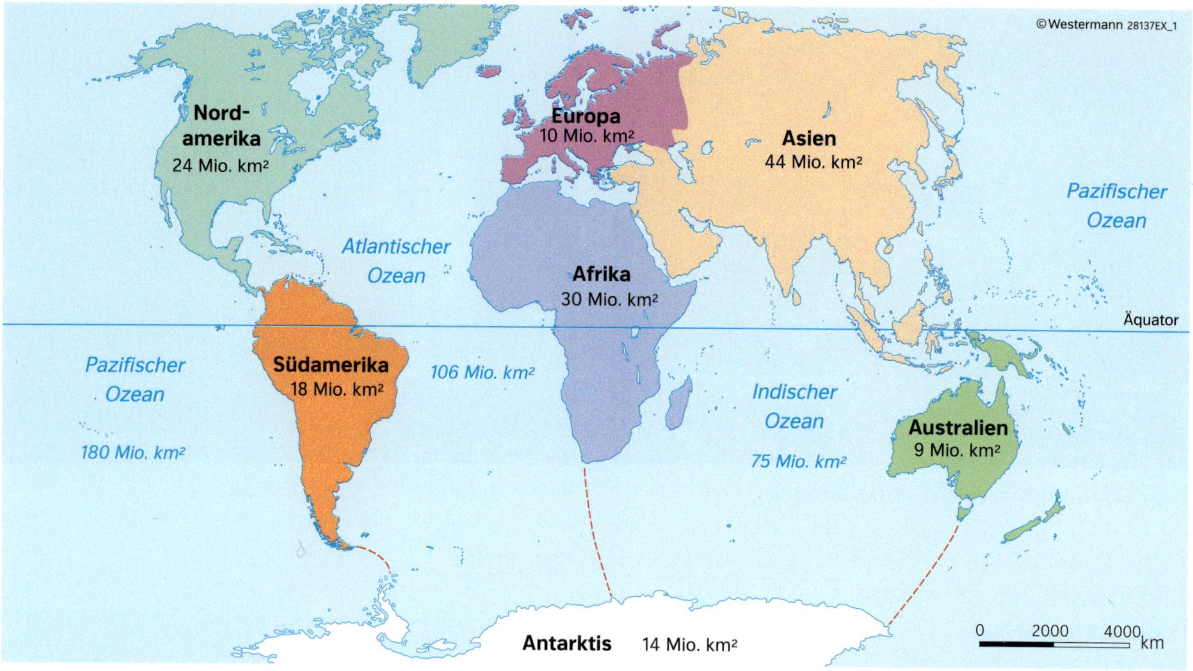

M1 Kontinente und Ozeane

Kontinente und Ozeane

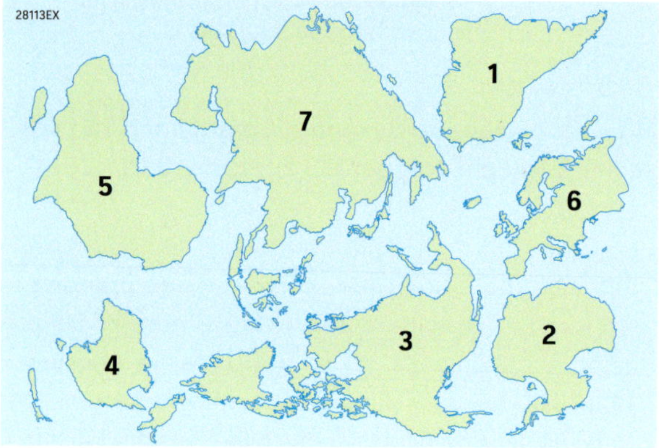

M2 Hier scheint etwas durcheinandergeraten zu sein.

Auf der Erde sind die Land- und Wasserflächen unterschiedlich verteilt: Der größte Teil der Landmassen liegt auf der Nordhalbkugel, dagegen befinden sich auf der Südhalbkugel vorwiegend Wasserflächen.

Die Landflächen gliedern sich in sieben Kontinente (Erdteile). Sie werden von den drei Ozeanen umgeben. Die Ozeane sind mit Nebenmeeren verbunden. Dazu zählen unter anderem das Mittelmeer, die Nordsee und die Ostsee.

Europa und Asien bilden eine gemeinsame zusammenhängende Landfläche (Europa + Asien = Eurasien). Als östliche Grenze zwischen diesen beiden Erdteilen wurde das Uralgebirge in Russland festgelegt.

AUFGABEN

1 *a) Nenne die Kontinente und Ozeane (M1).*
b) Nenne die Kontinente, durch die der Äquator verläuft (M1).

2 *Notiere, welche Kontinente auf der Nordhalbkugel, welche auf der Südhalbkugel und welche auf beiden Halbkugeln liegen (M1).*

3 *Benenne die sieben Kontinente in M2.*

4 *Erkläre, warum der Pazifische Ozean zweimal in der Karte (M1) eingetragen ist.*

METHODE

Wir zeichnen ein Säulendiagramm

Zahlenangaben sind oft wenig anschaulich. Um solche Angaben besser miteinander vergleichen zu können, werden die Größen in einem Diagramm dargestellt, zum Beispiel in einem Säulendiagramm.

Materialliste:
- Millimeterpapier oder kariertes DIN-A4-Blatt
- langes Lineal
- Bleistift und verschiedene Buntstifte

Ein Säulendiagramm zeichnen

1. Länge der Achsen festlegen

- Die Länge der senkrechten Achse (Hochachse) richtet sich nach dem größten Zahlenwert. Bestimme den Wert und lege eine geeignete Einteilung fest.
  Beispiel: *größter Wert: 180 Mio. km² (Pazifischer Ozean); Einteilung der Achse: 1 cm Säulenhöhe für 10 Mio. km². Das bedeutet: Die höchste Säule wird 18 cm hoch. Die Hochachse muss also etwas mehr als 18 cm lang sein.*
- Die Länge der waagerechten Achse (Rechtsachse) richtet sich nach Anzahl und Breite der Säulen, die zu zeichnen sind.
  Beispiel: *Du benötigst 10 Säulen (3 Ozeane, 7 Kontinente). Jede Säule soll 1 cm breit sein und zwischen den Säulen 0,5 cm Platz. Daher muss die Rechtsachse 15,5 cm lang werden.*

2. Achsen zeichnen und beschriften

- Zeichne an der linken Seite des Blattes die Hochachse. **Beispiel:** *18,5 cm Höhe*
- Unterteile die Hochachse in gleiche Abstände und beschrifte sie.
  Beispiel: *Abstände von 1 cm. Zehnerschritte von 10 bis 180. Achsentitel: Fläche in Mio. km²*
- Zeichne nun die Rechtsachse ein. Denke an die Zwischenabstände. **Beispiel:** *15,5 cm Länge*

3. Säulen einzeichnen und beschriften

- Zeichne die Säulen mit dem Linieal in den entsprechenden Höhen.
- Male die Säulen mit geeigneten Farben an.
- Beschrifte die Säulen.

4. Überschrift finden

- Gib dem Diagramm eine passende Überschrift.

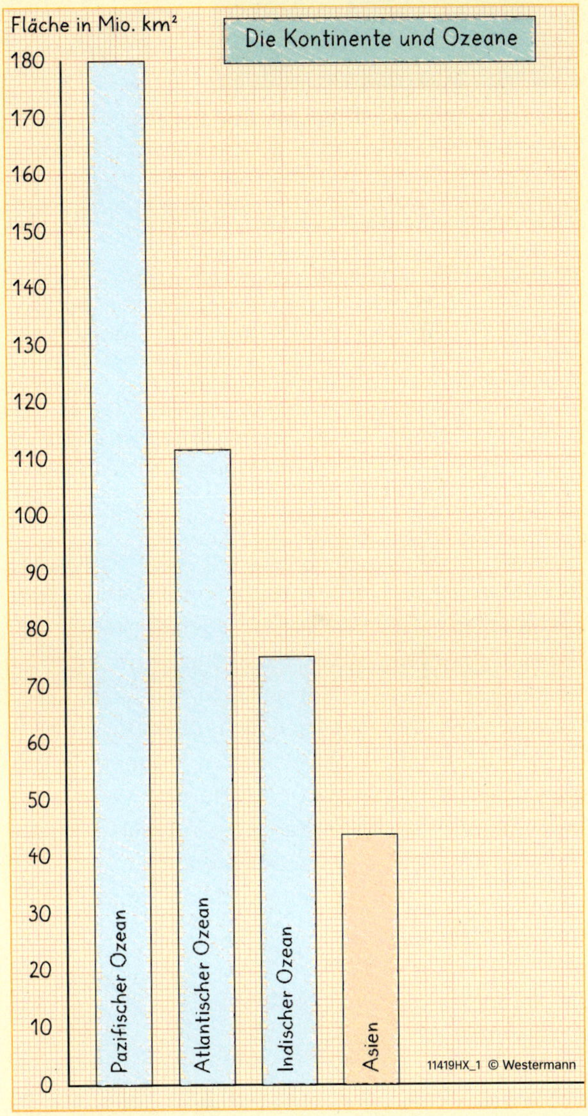

M1 Ein selbst gezeichnetes Säulendiagramm

AUFGABE

1 *Zeichne ein Säulendiagramm der Kontinente und Ozeane (siehe Seite 12, M1).*

M1 Die Himmelsrichtungen sind wichtig.

Wir orientieren uns mithilfe der Himmelsrichtungen

Wir haben Karten für die Westkurve.

Der Nordwind bringt Kälte und Schnee.

Südeuropa erlebt eine Hitzewelle.

Bielefeld liegt im Osten von Nordrhein-Westfalen.

In vielen Situationen spielen die vier **Himmelsrichtungen** – Norden und Süden, Westen und Osten – eine wichtige Rolle. Doch wo genau liegen diese?
Die einfachste Möglichkeit, die Himmelsrichtungen zu bestimmen, ist, einen Kompass zu benutzen. Dazu legt man den Kompass flach hin und wartet kurz. Die Kompassnadel richtet sich am Magnetfeld der Erde aus und zeigt immer nach Norden. Wenn man erst einmal weiß, wo Norden ist, kann man auch die anderen Himmelsrichtungen bestimmen.
Mit der passenden App kann auch ein Smartphone als Kompass dienen.
Häufig werden die Himmelsrichtungen in englischer Sprache benannt. Dabei wird dann aus dem O(sten) ein E(ast).

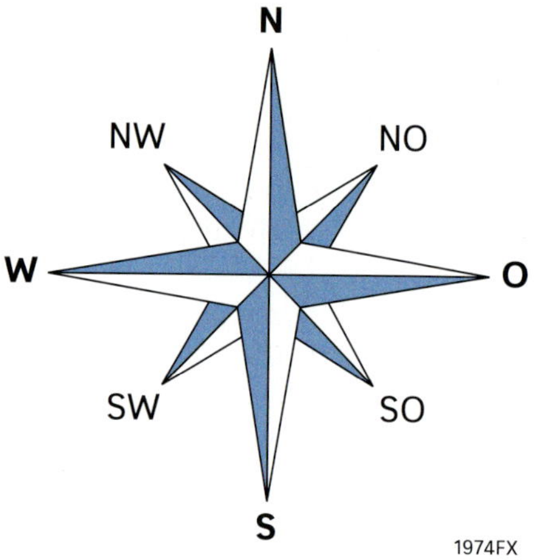

1974FX

M2 Windrose

Im ... geht die ... auf,
im ... nimmt sie ihren ...,
im ... wird sie ...,
im ... ist sie nie zu ...

Sonne
untergeh‘n
Süden
seh‘n
Lauf
Osten
Westen
Norden

M3 Merksatz zu den Himmelsrichtungen

Bestimmen der Himmelsrichtungen ohne Kompass

Es gibt immer wieder Situationen, in denen Orientierung wichtig ist. Nicht immer hat man einen Kompass dabei. Doch man kann andere Möglichkeiten nutzen, um die Himmelsrichtungen zu bestimmen.
Tagsüber geht das am besten mit der Sonne. Mit dem Lauf der Sonne ändert sich ebenfalls die Richtung der Schatten, die Gegenstände werfen. Morgens zeigen die Schatten nach Westen, mittags nach Norden.
Auch Pflanzen und Tiere, für die der Stand der Sonne wichtig ist, können uns Hinweise geben. Bei ausgewachsenen Sonnenblumen zeigt die Blüte stets nach Osten. Spinnen richten ihre Netze wenn möglich gen Süden aus. Vögelnistkästen werden so aufgehängt, dass der Ausgang nach Osten zeigt.
Selbst in der Stadt gibt es Tricks. Die meisten Fotovoltaikanlagen werden nach Süden ausgerichtet, um so die größtmögliche Sonnenenergie einfangen zu können.
Selbst wenn es dunkel ist, kann man in klaren Nächten noch die Himmelsrichtungen bestimmen: Der Vollmond geht im Osten auf, erreicht seinen höchsten Stand im Süden und wandert dann weiter westwärts. Im Norden ist der Mond nie zu sehen. Dort befindet sich hingegen der Polarstern. Während andere Sterne im Laufe der Nacht wandern, steht der Polarstern immer im Norden.
Übrigens: Bei Stadt-, Land- und Atlaskarten ist Norden immer oben.

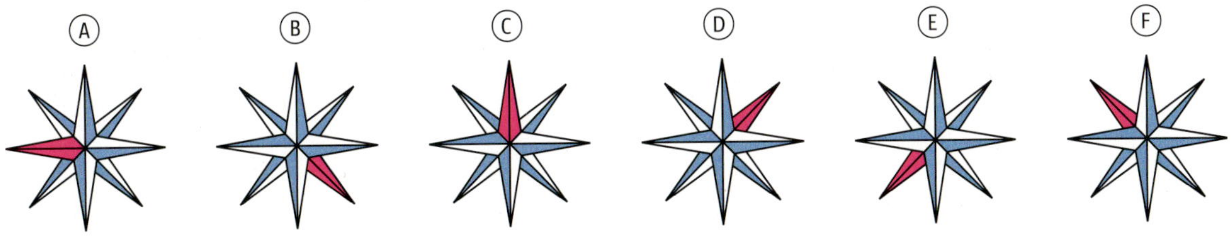

M4 Verschiedene Himmelsrichtungen

AUFGABEN

1 *Vervollständige den Merksatz in M3 mithilfe der angegebenen Wörter.*
2 *Übertrage die Windrose (M2) in dein Heft. Schreibe die abgekürzten Himmelsrichtungen in der Langform dazu.* ↗
3 *Nenne die Himmelsrichtungen, die die Windrosen Ⓐ–Ⓕ (M4) anzeigen.*
4 *Erläutere mithilfe des Textes, was die Fotos ①–⑥ (M1) mit den Himmelsrichtungen zu tun haben.*

ZUSATZ

Seefahrer entdecken die Welt

Kolumbus segelt nach Westen

Viele Jahrhunderte blieb die Frage umstritten, welche Form die Erde hat. Manche Menschen glaubten zum Beispiel, dass die Erde eine Scheibe sei. Schon vor 2000 Jahren stellte der griechische Gelehrte Aristoteles die Behauptung auf, dass die Erde eine Kugel sein müsse.

Im Laufe der Zeit schlossen sich immer mehr Gelehrte und Seefahrer der Ansicht von Aristoteles an. So auch Christoph Kolumbus, er suchte vor 500 Jahren einen neuen Seeweg nach Indien. Seine Idee: Auf diesem Seeweg könnte man begehrte Handelswaren wie Gewürze, Tee, Seide und Edelsteine aus dem fernen Asien schneller und günstiger nach Europa transportieren als auf dem Landweg.

Im August 1492 brach er mit drei Schiffen zu einer ungewissen Reise auf. Nach langer Fahrt erreichte Kolumbus mit seiner Mannschaft eine Insel, die er San Salvador nannte. Da er der Ansicht war, in Indien gelandet zu sein, bezeichnete er deren Bewohner irrtümlich als Indianer.

M2 Beobachtung eines herannahenden Schiffs

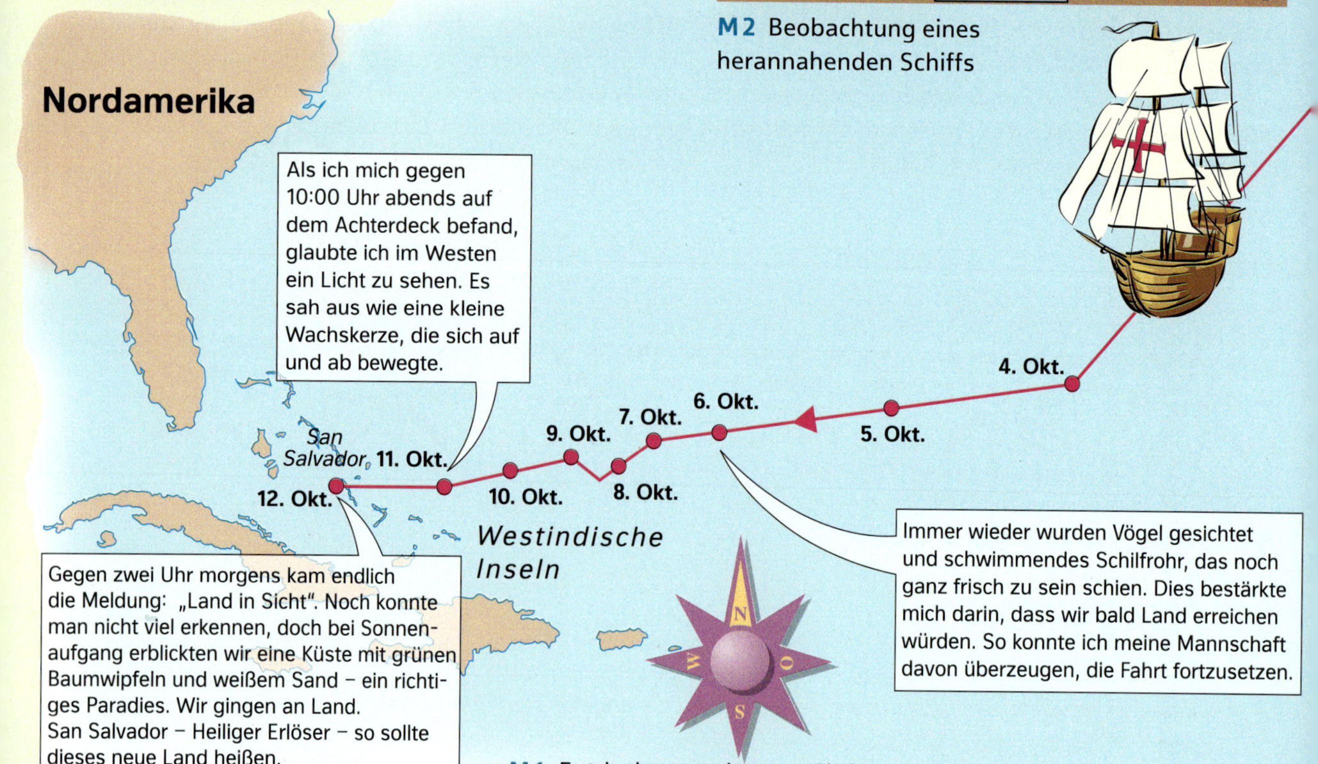

M1 Entdeckungsreise von Christoph Kolumbus, 1492

M3 Vor der großen Fahrt wird das Schiff beladen.

Magellan umrundet die Erde

1519 brach der portugiesische Seefahrer Ferdinand Magellan zu einer langen Reise um die Erde auf. Von Spanien aus wollte er um die Südspitze Amerikas herum nach Asien segeln. Die fünf Schiffe seiner Flotte waren voll beladen, sodass die 270 Seeleute der Besatzung kaum Platz fanden.

Nach insgesamt 1 100 Tagen kehrte nur eines der fünf ausgelaufenen Schiffe mit 18 Männern nach Spanien zurück. Die meisten Seeleute starben an Krankheiten, Hunger oder Erschöpfung. Magellan selbst wurde im Jahr 1521 bei Kämpfen mit Einheimischen auf den Philippinen getötet.

AUFGABEN

1 *Beschreibe, was Christoph Kolumbus mit seiner Mannschaft auf der Reise nach Amerika erlebte und entdeckte. Nutze auch die Tagebucheinträge, um weitere Informationen zu sammeln (M1).*

2 *Suche mithilfe einer Weltkarte im Atlas heraus, welche Ozeane Kolumbus und Magellan überquert und welche Kontinente sie berührt haben.*

3 *Erkläre anhand von M2, wie man mit bloßem Auge erkennt, dass die Erde eine Kugel ist.*

4 *a) Recherchiere im Internet nach weiteren Entdeckern.*

b) Stelle einen Entdecker in einem Kurzvortrag vor.

Die ganze Erde in einem Buch – der Atlas (I)

Der **Atlas** ist nicht nur das größte Buch in der Schultasche, sondern auch ein ganz besonderes: In ihm kann man die ganze Welt entdecken.
Es sind keine Texte enthalten, sondern viele **Karten** in geordneter und übersichtlicher Form.
Der Aufbau eines Atlas ist in der Regel immer gleich.

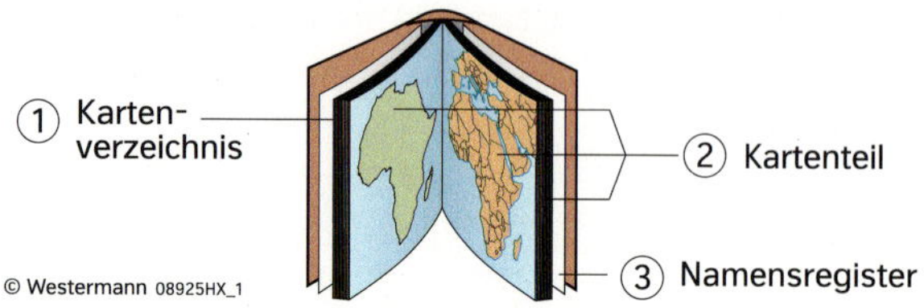

M2 Erschließungshilfen im Atlas

1. Das Kartenverzeichnis

Wie die meisten Bücher beginnt auch der Atlas mit einer Art Inhaltsverzeichnis. Hier sind alle Karten, die im Atlas vorkommen, nach Regionen sortiert.
Wenn du Informationen zu einem bestimmten Thema suchst, hilft dir das Inhaltsverzeichnis. Darin sind alle Karten der Reihe nach aufgeführt, so wie sie im Atlas angeordnet sind.
Beispiel: Suchst du eine Karte der Verkehrswege in Deutschland, zeigt dir der Ausschnitt aus dem Inhaltsverzeichnis (M3), dass du auf Seite 48 eine solche Karte findest (Karte 1).

Deutschland – Wirtschaftsräume
Wirtschaftsraum Mittlerer Neckar 47.1
Wirtschaftsraum München 47.2

Deutschland – Verkehr
Verkehr 48.1
Hamburger Hafen – Größter Seehafen Deutschlands 49.2
Flughafen Frankfurt am Main – Größter Verkehrsflughafen Deutschlands 49.3

Deutschland – Tourismus
Tourismus 50.1
Naturschutz und Tourismus auf Rügen 51.2
Bergtourismus – Garmisch-Partenkirchen 51.3

Deutschland – Nordseeküste

M3 Inhaltsverzeichnis (Ausschnitt)

2. Der Kartenteil

Der Kartenteil besteht aus sämtlichen Karten, die nach Regionen geordnet sind. In jedem Atlas gibt es verschiedene Karten mit unterschiedlichem **Maßstab**.

Je nach Karteninhalt unterscheidet man zwischen **physischen Karten** und **thematischen Karten**.

Physische Karten ...

- ... informieren über die Oberflächenform eines Gebietes.
- ... sind gut für die Orientierung. Hier sind Städte, Flüsse, Berge und Landschaften eingezeichnet.

M1 Physische Karte (Ausschnitt)

Thematische Karten ...

- ... enthalten wichtige Orientierungspunkte, wie zum Beispiel Städte, Staaten oder Flüsse.
- ... informieren über ein ganz bestimmtes Thema (z. B. politische Karte → Bundesländer)

M4 Thematische Karte (Ausschnitt)

M/U: unterschiedliche Kartentypen kennenlernen und den jeweiligen Nutzen beurteilen

3. Das Namensregister

Auf den letzten Seiten befindet sich das Register oder Namensverzeichnis. Darin sind Orte, Städte, Flüsse, Berge, Länder und Regionen alphabetisch aufgelistet.

Das Register dient dazu, möglichst schnell einen bestimmten Ort, Fluss oder Berg ausfindig zu machen.

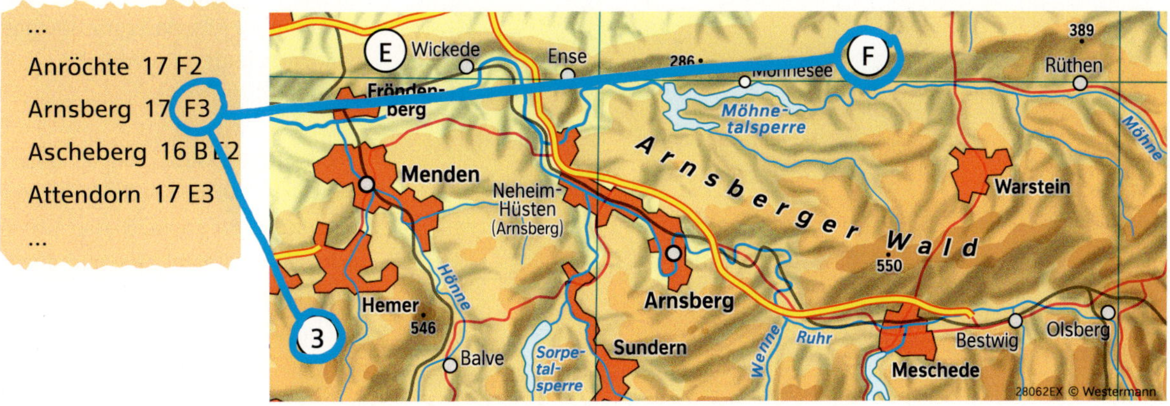

M5 Ausschnitt aus einem Register und einer physischen Atlaskarte

- Im Register findest du die Orte in alphabetischer Reihenfolge aufgelistet.
- Hinter jedem Eintrag steht eine Kombination aus Zahlen und Buchstaben.
  Beispiel: *Arnsberg: 17, F3*
- Die erste Zahl gibt die Seitenzahl an, auf der sich die Karte befindet; der Großbuchstabe und die Zahl dahinter das jeweilige Planquadrat, in dem sich der Ort befindet.
  Beispiel: *Arnsberg findest du auf Seite 17 im Planquadrat F3.*
- Wenn auf einer Seite mehrere Karten abgebildet sind, tragen die Karten zusätzliche Buchstaben oder als Ergänzung römische Zahlen.
  Beispiel: *Ascheberg: 16B, E2*
  Ascheberg findest du also auf Seite 16, auf der Karte B, im Planquadrat E2.

M6 Mit dem Register arbeiten

AUFGABEN

1 *Nenne die drei Teile des Atlas (M2).*

2 *Nutze das Kartenverzeichnis im Atlas. Notiere, auf welcher Seite die folgenden Karten zu finden sind: Nordrhein-Westfalen – Landwirtschaft, Asien – physische Übersicht, Südamerika – Wirtschaft.*

3 *Erkläre, welcher Kartentyp (M1, M4) hilfreich ist, wenn man*
a) ein Gebirge in Deutschland sucht,
b) untersucht, wo in Deutschland Weizen angebaut wird.

4 *Suche die Orte Wickede, Warstein, Hemer und Meschede (M5). Notiere jeweils die dazugehörigen Planquadrate.*

5 *Erkläre, wie das Kartenverzeichnis im Atlas aufgebaut ist (M2). Notiere die Reihenfolge der Regionen.*

Die ganze Erde in einem Buch – der Atlas (II)

Verschiedene Kartenarten

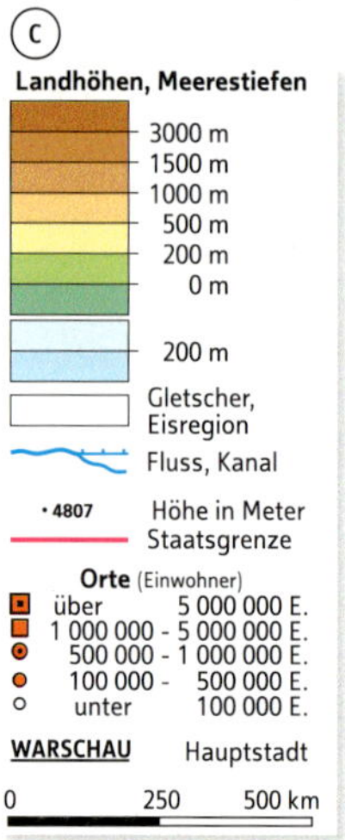

① Die meisten Karten im Atlas geben Auskunft über ein bestimmtes Thema, zum Beispiel Landwirtschaft oder Verkehr.

② Die Staatenkarte (politische Karte) ist eine spezielle Form der thematischen Karte. Sie ist übersichtlich, da sie nur eine begrenzte Anzahl von Informationen enthält.

③ Physische Karten geben Auskunft über die Oberflächenformen eines Gebietes. Dies erfolgt mithilfe farbiger Höhenschichten.

④ Hier kann man sehr gut die Namen der Länder unserer Erde und ihre Hauptstädte herausfinden.

⑤ Bei thematischen Karten ist die genaue Betrachtung der Legende wichtig, da immer wieder neue Symbole erscheinen, zum Beispiel Mais, Baumwolle, Wein.

⑥ Diese Karten ermöglichen einen schnellen Überblick über die Lage von Gebirgen, Tälern, Flüssen und auch Städten. Die Karten eignen sich gut zur Orientierung.

AUFGABEN

1 *Benenne die drei Kartenarten Ⓐ–Ⓒ.*

2 *Ordne den jeweiligen Kartenarten Ⓐ–Ⓒ die entsprechende Beschreibung ①–⑥ zu.*

3 *Jede Karte hat einen Titel, der sich aus dem Karteninhalt ergibt. Finde für die Karten Ⓐ–Ⓒ einen passenden Titel.*

4 *Erkläre, wie sich physische und thematische Karten ergänzen. Nenne auch Beispiele.* ↗

Die Legende

Auf Karten sind verschiedene Farben und Zeichen (Signaturen) zu finden. Diese sind in der sogenannten **Legende** (Zeichenerklärung) erläutert.

Beispiel 1 – physische Karte:
Die Farben geben auf dieser Karte (M1) die Landhöhe an. Dunkles Braun steht z. B. für eine Landhöhe von mehr als 750 m, dunkles Grün bedeutet unter 0 m Landhöhe (Senke). Die roten Markierungen an den Orten geben an, wie viele Einwohner die Stadt bzw. der Ort hat. Ein kleines, rotes Quadrat bedeutet z. B., dass in dieser Stadt zwischen 500 000 und 1 Million Einwohner leben.

Beispiel 2 – thematische Karte:
Die Signaturen geben Auskunft über die unterschiedlichen Industriezweige in einer thematischen Karte (M2).
So symbolisiert z. B. das Schiff den Schiffbau. Maschinenbau wird durch ein vereinfachtes Zahnrad dargestellt und die Elektroindustrie erkennt man an einem Stecker.

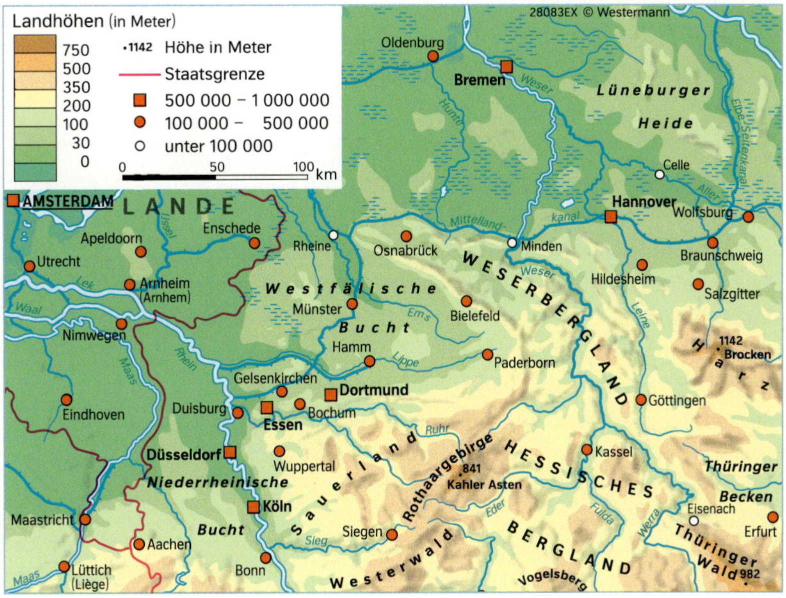

M1 Ausschnitt einer physischen Karte von Deutschland mit Legende

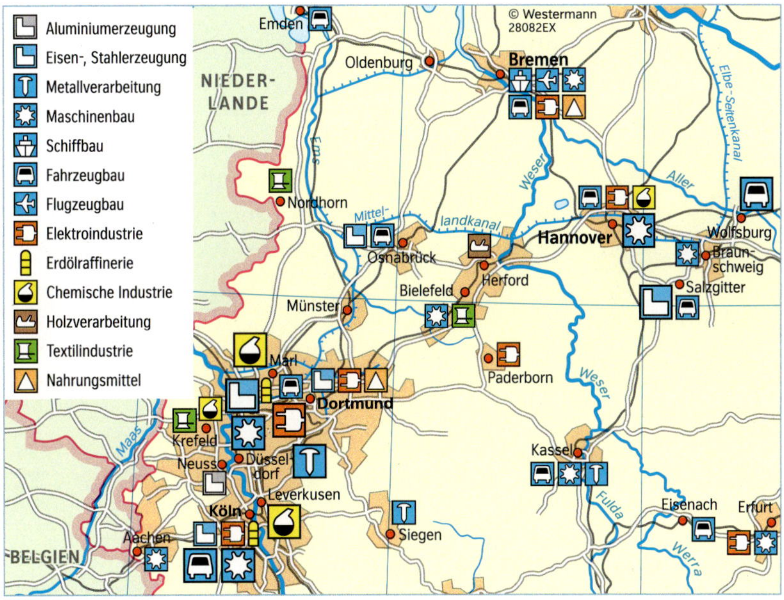

M2 Ausschnitt einer Industriekarte von Deutschland mit Legende

AUFGABEN

5 *Arbeite mit der Karte M1 und beachte die Landhöhen. Nenne drei Orte, die*
- *a) unter 100 m Höhe liegen,*
- *b) über 200 m Höhe liegen.*

6 *Notiere alle Orte in M2, in deren Nähe*
- *a) Maschinen gebaut werden,*
- *b) Textilien hergestellt werden.*

7 *Suche im Atlas eine Landwirtschaftskarte von Deutschland. Zeichne fünf Signaturen in dein Heft.*

8 *Ordne die Legenden ⓐ–ⓒ auf Seite 20 den entsprechenden Kartentypen zu.*

METHODE

Wir bestimmen Entfernungen in Karten

Wie weit ist es von Köln nach Rostock?

Mina ist im letzten Jahr mit ihrer Familie nach Deutschland gekommen. Sie lebt in Köln. Ein paar Monate später kam auch ihr Cousin Junis mit seinen Eltern nach Deutschland. Sie leben in Rostock. Die Familien von Mina und Junis wollen sich unbedingt treffen. Aber sie wissen nicht, wie weit es von Köln nach Rostock ist.
Mina hat eine Karte gefunden und sie auch Junis geschickt (M1). Beide überlegen nun, wie sie die kürzeste Entfernung (Luftlinie) zwischen Köln und Rostock herausfinden können.
Ihre Erdkundelehrer in Köln und Rostock erklären ihnen zwei Möglichkeiten, die Entfernung mithilfe der Karte herauszufinden. Beide probieren ihre Möglichkeit aus.

M1 Ausschnitt aus einer Karte

Entfernungen mithilfe der Maßstabsleiste bestimmen →

Mina möchte mithilfe der Karte M1 und der Maßstabsleiste die Entfernung zwischen Köln und Rostock bestimmen. Ihr Lehrer erklärt ihr folgende Schritte:

1. Schritt
- Bestimme mit dem Lineal die Entfernung zwischen beiden Orten in Zentimetern auf der Karte.
Mina misst auf der Karte von Köln nach Rostock eine Entfernung von 5 cm (M2).

M2 Messen auf der Karte

2. Schritt
- An der Maßstabsleiste kannst du mit dem Lineal abmessen, welcher Entfernung in Wirklichkeit 1 cm auf der Karte entspricht. Lege dazu das Lineal wie in M3 gezeigt an der Maßstabsleiste an. Lies dann die Entfernung an der Maßstabsleiste ab, die über der Eins bei dem Lineal steht.
Mina liest bei der Zahl Eins auf dem Lineal auf der Maßstabsleiste die Entfernung 100 km ab.

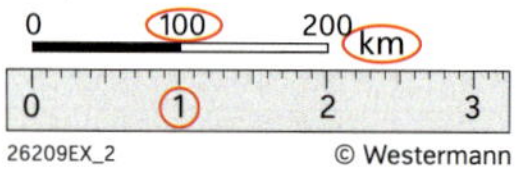

M3 Messen an der Maßstabsleiste

3. Schritt
- Nimm jetzt die Entfernung auf der Maßstabsleiste aus dem 2. Schritt mal die Anzahl der gemessenen Zentimeter auf der Karte aus dem 1. Schritt.
Mina rechnet: 100 km • 5 = 500 km. Dies ist die Entfernung von Köln nach Rostock.

Entfernungen mithilfe der Maßstabszahl bestimmen

→ Maßstab 1 : 10 000 000

Junis möchte mithilfe der Karte in M1 und der Maßstabszahl die Entfernung zwischen Rostock und Köln bestimmen.
Seine Lehrerin erklärt ihm folgende Schritte:

1. Schritt

- Bestimme mit dem Lineal die Entfernung zwischen beiden Orten in Zentimetern auf der Karte.
  Junis misst auf der Karte von Rostock nach Köln eine Entfernung von 5 cm (M4).

M4 Messen auf der Karte

2. Schritt

- Gesucht ist die Entfernung in der Natur, der 1 cm auf der Karte entspricht. Zähle dazu die Anzahl der Nullen in der Maßstabszahl.
  Sind es zwei, drei oder vier Nullen, so streiche zwei davon weg und ergänze „m“ für Meter.
  Sind es fünf bis acht Nullen, so streiche fünf davon weg und ergänze „km“ für Kilometer.
  Junis zählt bei der Maßstabszahl 10 000 000 (zehn Millionen) sieben Nullen. Er streicht davon fünf weg und erhält die Zahl 100. Dahinter ergänzt er „km“: 100 km.

3. Schritt

- Nimm jetzt die Entfernung aus dem 2. Schritt mal die Anzahl der gemessenen Zentimeter auf der Karte aus dem 1. Schritt.
  Junis rechnet: 100 km • 5 = 500 km. Dies ist die Entfernung von Rostock nach Köln.

So würde Junis rechnen, wenn der Maßstab 1 : 5000 gewesen wäre:
Er streicht bei der Maßstabszahl zwei Nullen weg und ergänzt „m“: 50 m.
Weiter geht es wieder mit dem 3. Schritt.

AUFGABEN

1 *Entscheide dich für die Methode von Mina oder von Junis. Bestimme dann mithilfe von M1 die Entfernungen zwischen folgenden Städten:*
- *Bremen und Hamburg,*
- *Hannover und Berlin,*
- *Rostock und Nürnberg.*

2 *Ermittle die Entfernung zwischen der Kirche und der Ottilienmühle (M5).*

3 *Erläutere Gemeinsamkeiten und Unterschiede der beiden Methoden von Mina und Junis.*

4 *Zeichne eine Maßstabsleiste zum Maßstab 1 : 500 000.* ↗

M5 Ausschnitt aus einem Stadtplan

M1 Ein Berg im Senkrechtluftbild

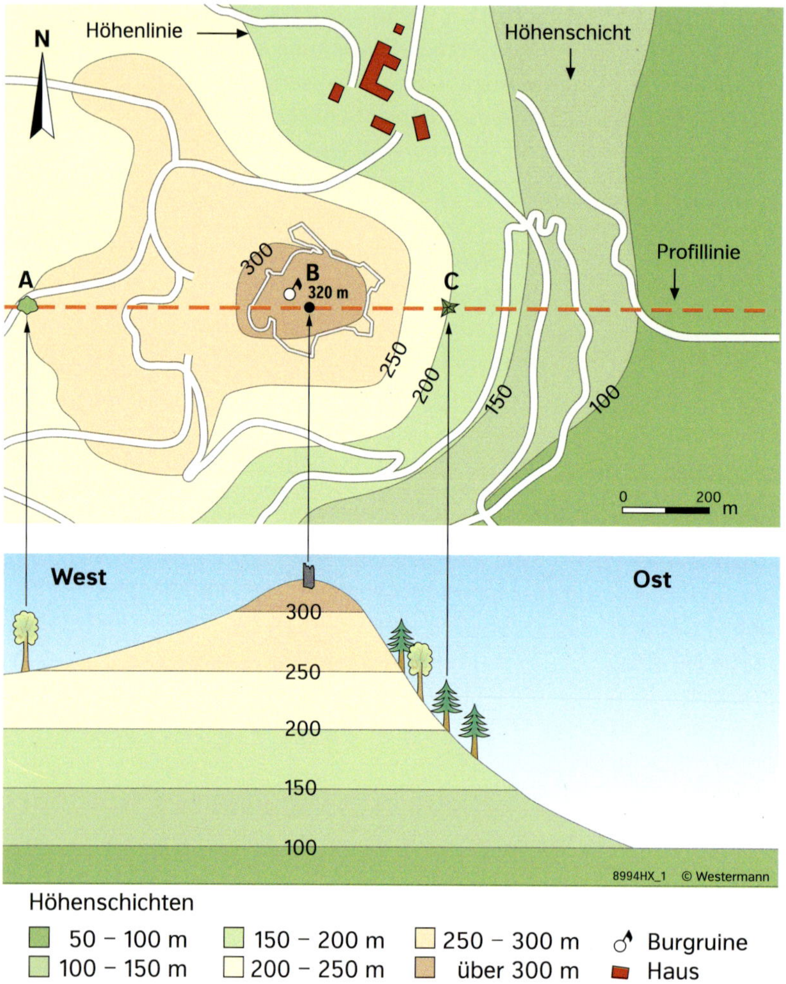

M2 Höhenschichten und Profil eines Berges

Wie kommt der Berg auf die Karte?

Fotografiert man einen Berg senkrecht aus der Luft, ist seine Höhe kaum zu erkennen (M1). Bei Karten schaut man wie aus einem Flugzeug auf die gezeichnete Landschaft, denn auf dem Papier ist es nicht möglich, die Oberfläche in ihrer wirklichen Höhe und Form zu zeichnen.

Auf vielen Karten sind die verschiedenen Höhen häufig in Farbstufen, sogenannte Höhenschichten, eingeteilt. Grüne Farben bedeuten Tiefländer, Gelbtöne drücken mittlere Höhen aus und braune Farben stellen Gebirge dar. Dabei gilt:

Je tiefer die Landschaft liegt, desto dunkler ist das Grün.

Je höher die Landschaft liegt, desto dunkler ist das Braun.

Das Profil

Noch besser zu erkennen sind die Höhenunterschiede in einem **Profil**. Dabei wird die Landschaft entlang einer Profillinie (M2 oben) „aufgeschnitten" und aufgeklappt.

Jetzt kann man die Landschaft von der Seite betrachten (M2 unten). Die Höhen im Profil entsprechen dabei genau den Höhenschichten in der Karte.

Mit der Höhe ist die Höhe über dem Meeresspiegel gemeint (absolute Höhe). Die Angabe der Höhe über dem Meeresspiegel lautet abgekürzt „m ü. M.".

Die Höhenlinien

Verbindet man auf einer Karte alle Punkte, die gleich hoch liegen, entsteht eine **Höhenlinie**. Diese trennt zwei Höhenschichten voneinander ab (M2 oben). Die Höhenlinien helfen zu erkennen, in welcher Höhe zum Beispiel Bäume oder Gebäude liegen.
Doch die Höhenlinien in Karten haben noch einen weiteren praktischen Nutzen: Gehst du zum Beispiel mit deiner Familie wandern, kannst du schon vorher auf der Karte überprüfen, ob eure Wanderroute durch eher steiles oder eher flaches Gelände verläuft.
Denn Berge sind auf einer Karte daran zu erkennen, dass mehrere Höhenlinien ineinanderliegen und diese geschlossen sind (M5). Dabei gilt:

> Je enger die Höhenlinien gezeichnet sind, desto steiler ist das Gelände (M4 und M5).

Um markante Stellen des Geländes wie Berggipfel oder Bergkuppen darzustellen, verwendet man Höhenpunkte mit dazugehöriger Höhenangabe (M5).

M4 Seitenansicht eines Berges

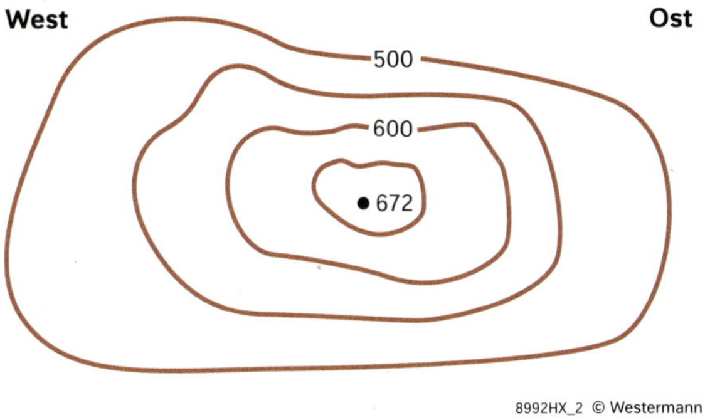

M5 Höhenlinien des Berges M3 mit Höhenpunkt

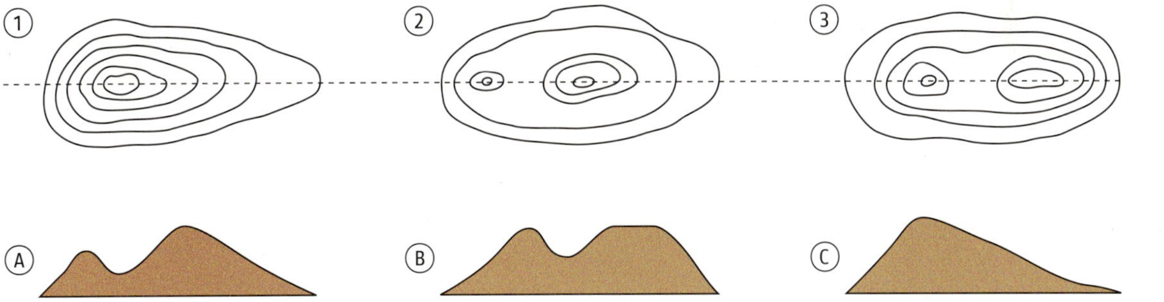

M3 Höhenlinien und Profile

AUFGABEN

1 *Erkläre den Unterschied zwischen Höhenschichten und Höhenlinien.*

2 *Ordne den Ziffern ①–③ im Bild (M1) folgende Begriffe zu: Weggabelung, Häuser, Burgruine.*

3 *Beschreibe mithilfe von M2, auf welcher Höhenschicht die Häuser stehen und auf welcher die Burgruine.*

4 *Berechne folgende Höhenunterschiede in M2:*
- *zwischen den Punkten A und B,*
- *zwischen den Punkten B und C,*
- *zwischen den Punkten A und C.* ↗

5 *Ordne die Zeichnungen der Höhenlinien ①–③ den Profilen Ⓐ–Ⓒ zu (M3).*

ZUSATZ

Die Atlas-Führerscheinprüfung

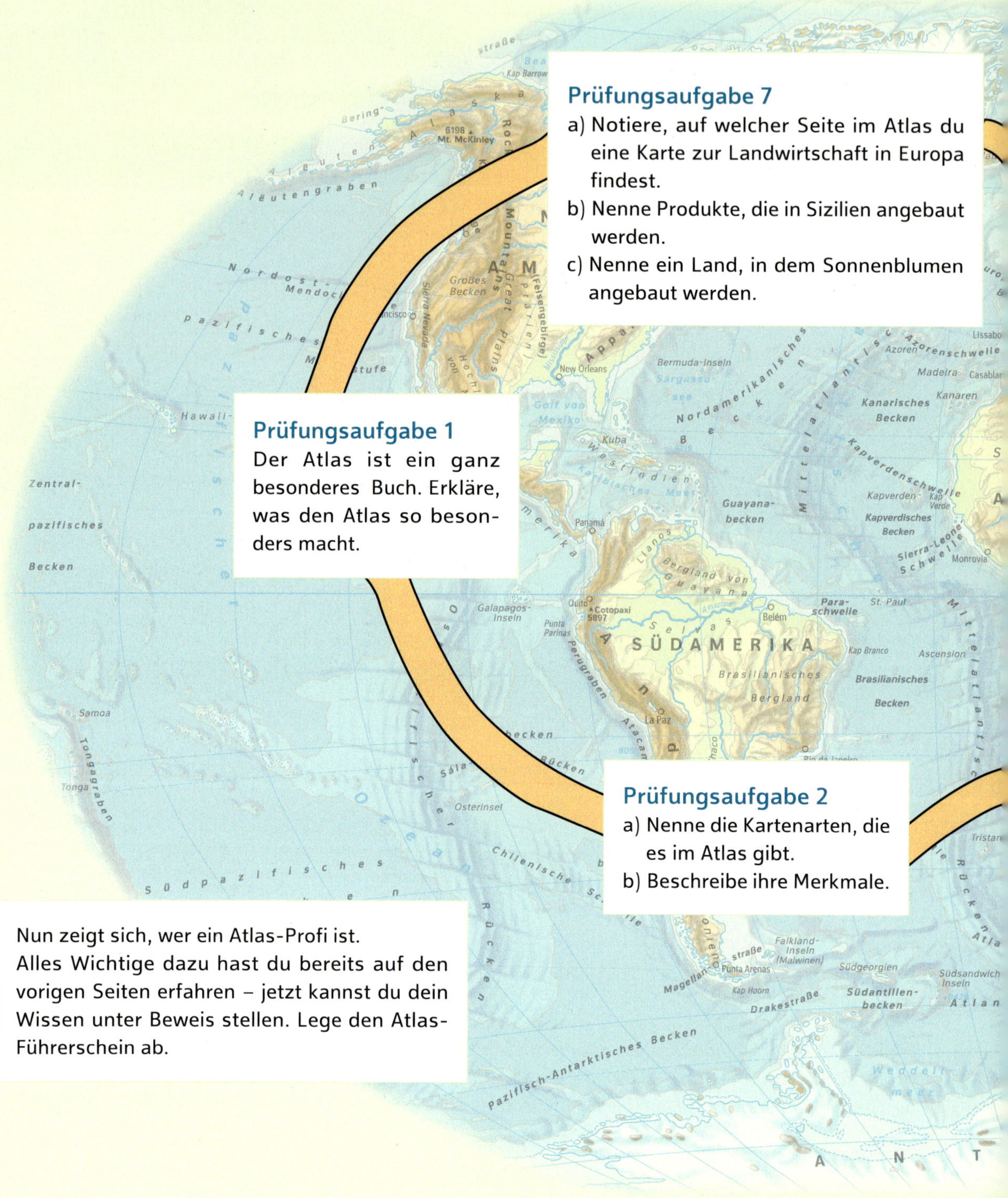

Prüfungsaufgabe 7

a) Notiere, auf welcher Seite im Atlas du eine Karte zur Landwirtschaft in Europa findest.

b) Nenne Produkte, die in Sizilien angebaut werden.

c) Nenne ein Land, in dem Sonnenblumen angebaut werden.

Prüfungsaufgabe 1

Der Atlas ist ein ganz besonderes Buch. Erkläre, was den Atlas so besonders macht.

Prüfungsaufgabe 2

a) Nenne die Kartenarten, die es im Atlas gibt.

b) Beschreibe ihre Merkmale.

Nun zeigt sich, wer ein Atlas-Profi ist.
Alles Wichtige dazu hast du bereits auf den vorigen Seiten erfahren – jetzt kannst du dein Wissen unter Beweis stellen. Lege den Atlas-Führerschein ab.

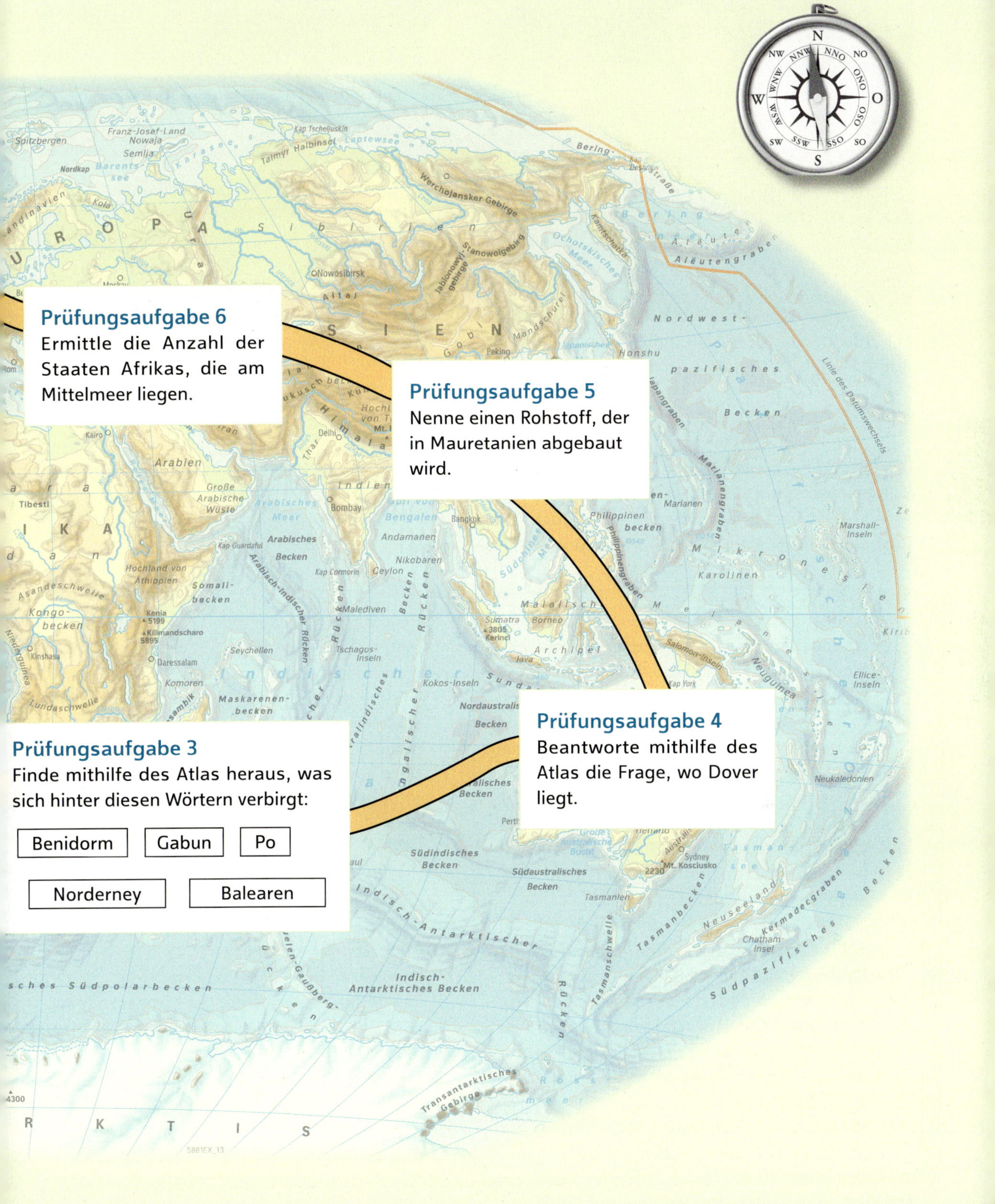

Prüfungsaufgabe 6

Ermittle die Anzahl der Staaten Afrikas, die am Mittelmeer liegen.

Prüfungsaufgabe 5

Nenne einen Rohstoff, der in Mauretanien abgebaut wird.

Prüfungsaufgabe 4

Beantworte mithilfe des Atlas die Frage, wo Dover liegt.

Prüfungsaufgabe 3

Finde mithilfe des Atlas heraus, was sich hinter diesen Wörtern verbirgt:

Benidorm	Gabun	Po
Norderney	Balearen	

M1 Spannendes in der Stadtbibliothek entdecken

Rekorde der Erde

Maximilian und seine Freunde haben sich nach der Schule in der Stadtbibliothek verabredet. Dort gibt es ein ganz besonders interessantes Buch, den Bildband „Rekorde der Erde“. Dort steht drin, dass Vatikanstadt das kleinste Land ist, dass der Marianengraben die tiefste Stelle aller Ozeane ist, dass es in Cherrapunji in Indien am meisten regnet und vieles mehr.

1. **Grönland** ist die größte Insel der Erde. Sie ist ungefähr sechsmal so groß wie Deutschland. Grönland ist zum größten Teil von Eis bedeckt.
2. In der Nähe der Stadt Las Vegas liegt eine der berühmtesten Schluchten der Erde. Der **Grand Canyon** ist 1800 Meter tief.
3. Auf **Java**, einer Insel, die zu Indonesien gehört, gibt es die meisten aktiven Vulkane.
4. Die Hauptstadt Japans, **Tokio**, ist die größte Stadt der Erde. Im Großraum Tokio leben 38 Millionen Menschen.
5. Das längste Gebirge der Welt sind mit 7000 Kilometer die **Anden**. Sieben Länder haben Anteil an dieser Gebirgskette.
6. Der wasserreichste Fluss der Erde ist der **Amazonas**. An seiner Mündung fließen rund 200 000 Kubikmeter Wasser pro Sekunde ins Meer (das entspricht dem Inhalt von 100 Schwimmbecken).
7. Mit einem Rekordwert von – 89,2 °C ist die **Antarktis** der kälteste Kontinent.
8. Der längste Fluss der Erde ist der **Nil** (6671 Kilometer). Über eine lange Strecke durchquert er eine Wüste, die Sahara.
9. Die größte Wüste der Erde, die **Sahara**, liegt in Afrika. Ihre Fläche entspricht in etwa derjenigen der USA.
10. Nördlich von Brisbane (Australien) liegt das größte Korallenriff der Erde, das **Great Barrier Reef**.
11. Der höchste Berg der Erde ist der **Mount Everest** (8848 Meter). Seine Besteigung ist auch deshalb schwierig, weil in so großen Höhen der Sauerstoffgehalt der Luft sehr niedrig ist.
12. **China** ist mit 1,4 Milliarden Einwohnern das bevölkerungsreichste Land der Erde.
13. Der größte See der Erde, das **Kaspische Meer**, wird aufgrund seiner Größe sogar als Meer bezeichnet.
14. **Moskau** ist die Hauptstadt von Russland, dem größten Land der Erde. Das Land, das in Asien und Europa liegt, ist knapp 48-mal so groß wie Deutschland.

M2 Blick in den Bildband „Rekorde der Erde“

M3 Fotos im Bildband „Rekorde der Erde“

M4 Wo die Rekorde zu finden sind

AUFGABEN

1 *Ordne die Fotos in M3 jeweils dem entsprechenden Rekord in M2 zu.*

2 *Suche mithilfe des Atlas die Rekorde (M2) und ordne diese der Karte M4 zu.*

3 *Erstelle eine Tabelle mit den Rekorden der Erde, den dazugehörigen Kontinenten und Ländern (M2, M4).*

4 *Nenne Orte, die du gerne selbst aufsuchen würdest (M2 – M4). Begründe deine Antwort.*

Mit Google Earth die Erde erkunden

Google Earth ist ein Computerprogramm, das die Erde mithilfe von Satellitenbildern darstellt – sozusagen ein digitaler Globus. Es ist kostenlos im Internet zum Herunterladen verfügbar. Google Earth bietet viele nützliche Informationen wie die Namen der Länder, Städte und Gebirge oder die Anzeige von Straßennamen und Bahnlinien. Darüber hinaus kannst du unter anderem folgende Dinge machen:

- Schrägansichten von Landschaften anschauen (M1),
- Atlaskarten einladen (M2),
- Entfernungen und Weglängen bestimmen (M3),
- historische Satellitenbilder ansehen (M4).

Seit November 2016 gibt es auch eine Version in virtueller Realität (VR). Dazu braucht man eine VR-Brille, die man auch selbst herstellen kann.

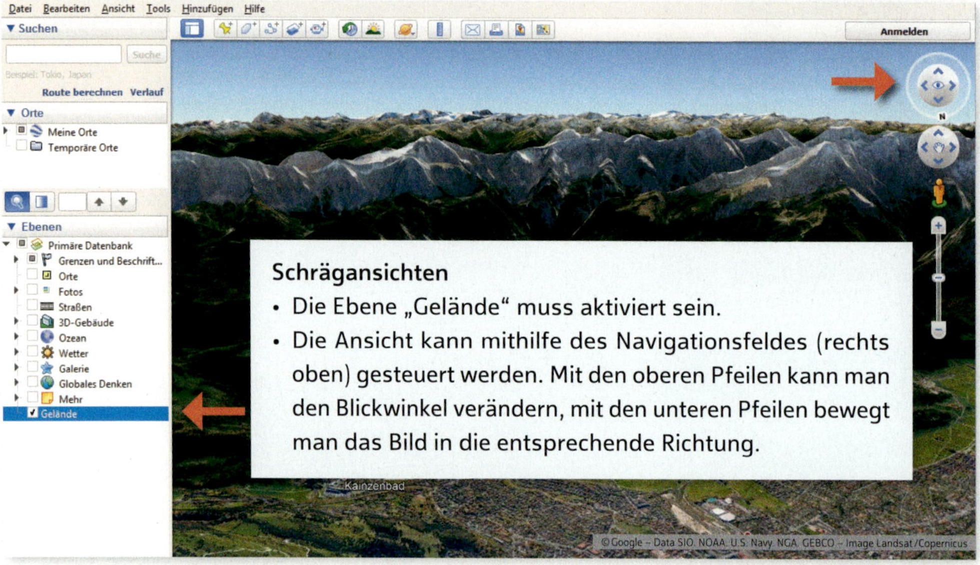

M1 Schrägansicht von Garmisch-Partenkirchen und der Zugspitze

Tipps

- **Navigieren:** Links oben befindet sich ein Suchfeld, wo man zum Beispiel nach Straßen, Städten oder Ländern suchen kann.
- **Suchen:** Das Navigationsfeld wird vollständig sichtbar, wenn die Maus darüber bewegt wird. Der Blickwinkel kann bei gedrückter mittlerer Maustaste verändert werden.
- **Ebenen:** Mit dieser Funktion kann man Informationen einblenden, etwa die Namen von Städten oder Ländergrenzen.

AUFGABEN

1 *Gib mit eigenen Worten die Funktionen von Google Earth wieder.*

2 *Miss die größte Entfernung (Luftlinie) von der nördlichen zur südlichen Grenze Deutschlands (M3).*

3 *Vergleiche die Länge deines Schulweges mit der Länge des Schulweges einer Mitschülerin oder eines Mitschülers (M3).*

4 *Suche deinen Wohnort in Google Earth.*

a) Beschreibe, was sich verändert, wenn du die Funktion „Historische Satellitenbilder“ anwendest (M4).

b) Lade die Karte zur Verwaltungsgliederung von NRW in Google Earth ein. Suche und nenne den Regierungsbezirk, in dem du wohnst (M2).

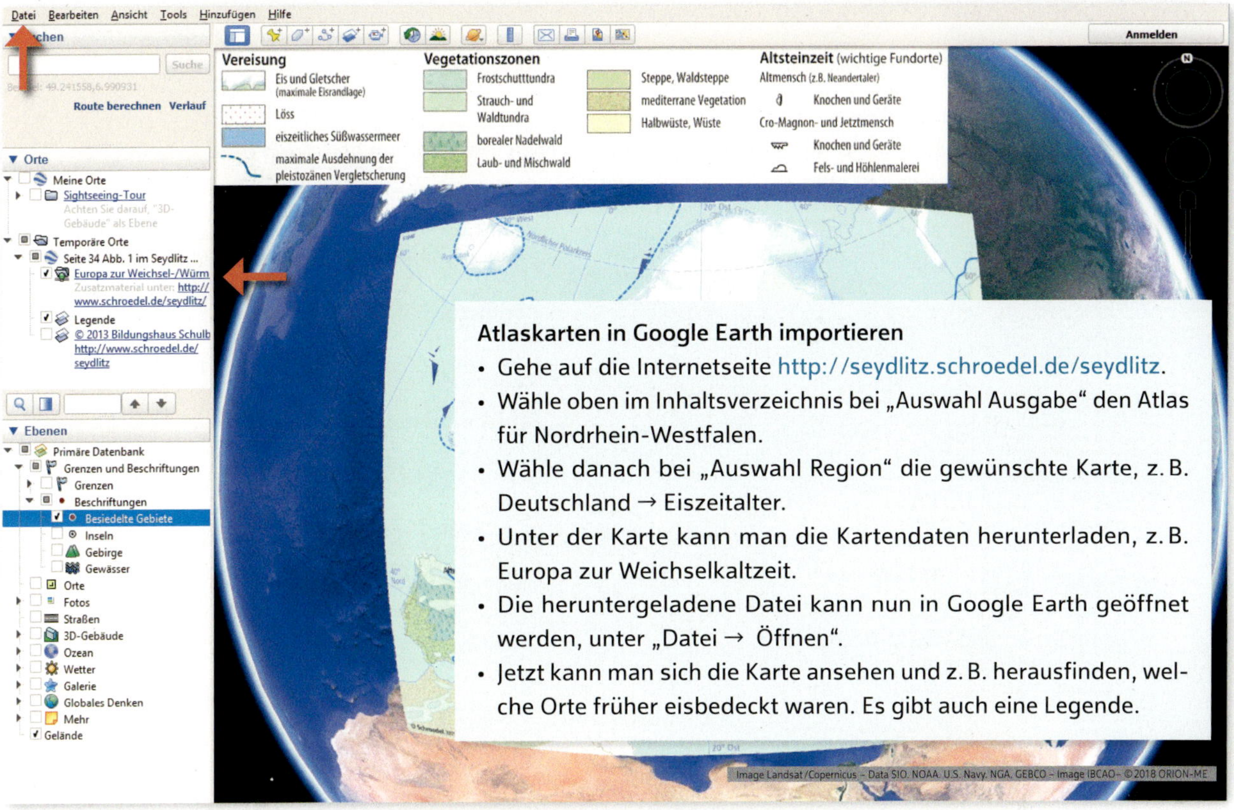

Atlaskarten in Google Earth importieren

- Gehe auf die Internetseite http://seydlitz.schroedel.de/seydlitz.
- Wähle oben im Inhaltsverzeichnis bei „Auswahl Ausgabe“ den Atlas für Nordrhein-Westfalen.
- Wähle danach bei „Auswahl Region“ die gewünschte Karte, z. B. Deutschland → Eiszeitalter.
- Unter der Karte kann man die Kartendaten herunterladen, z. B. Europa zur Weichselkaltzeit.
- Die heruntergeladene Datei kann nun in Google Earth geöffnet werden, unter „Datei → Öffnen“.
- Jetzt kann man sich die Karte ansehen und z. B. herausfinden, welche Orte früher eisbedeckt waren. Es gibt auch eine Legende.

M 2 Einbindung von Karten des Seydlitz-Atlas

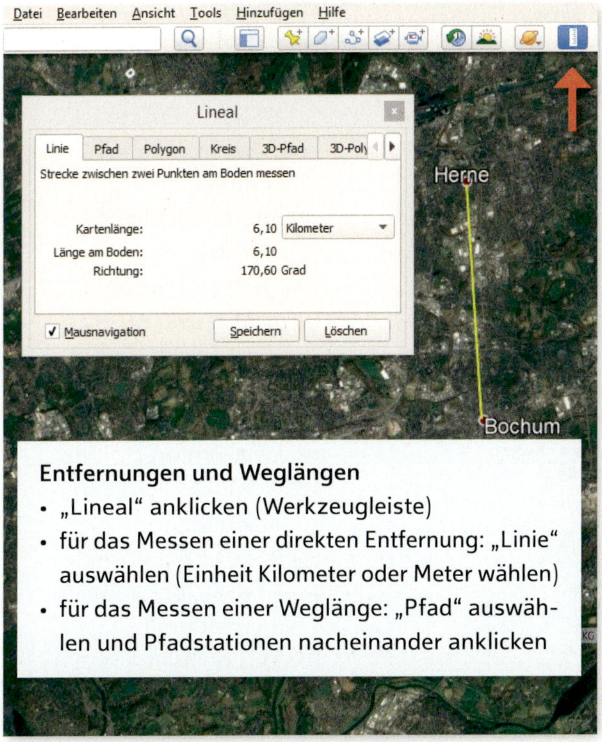

Entfernungen und Weglängen

- „Lineal“ anklicken (Werkzeugleiste)
- für das Messen einer direkten Entfernung: „Linie“ auswählen (Einheit Kilometer oder Meter wählen)
- für das Messen einer Weglänge: „Pfad“ auswählen und Pfadstationen nacheinander anklicken

M 3 Entfernungsmessung Herne – Bochum

Historische Satellitenbilder

- Anklicken des Werkzeugs „Historische Bilder“
- Auswählen eines Datums durch Verschieben des Zeitschiebereglers
- Hinweis: Die Verfügbarkeit von historischen Satellitenbildern sowie deren Qualität variieren sehr stark.

M 4 Berlin im März 1945

Füge die Sätze zusammen

1 ✎ *Schreibe die Sätze vollständig auf. Wenn du die richtige Reihenfolge gefunden hast, ergeben die Buchstaben in den Klammern das Lösungswort.*

1. Die Landfläche auf der Erde gliedert ...	... eine verkleinerte Nachbildung der Erde. (K)
2. Planquadrate helfen ...	... der Blaue Planet genannt. (D)
3. Die Erde wird auch ...	... eine Aufnahme der Erdoberfläche. (N)
4. Der Globus ist ...	... findet man viele Karten. (D)
5. Der Äquator teilt ...	... sich in sieben Kontinente. (E)
6. Ein Satellitenbild ist ...	... auf Karten bei der Orientierung. (R)
7. In einem Atlas ...	... sind auf der Erde ungleich verteilt. (E)
8. Landflächen und Wasserflächen ...	... die Erde in zwei gleich große Hälften ein. (U)

Mit der physischen Karte arbeiten

1 ✎ *Bestimme die Städte, die direkt am Rhein liegen (von Süden nach Norden).*

2 ✎ *Finde heraus, welches Mittelgebirge südlich der Linie Aachen – Bonn liegt. Nutze auch den Atlas.*

3 ✎ *Ermittle die Entfernungen: Bonn – Münster; Höxter – Kleve.*

Vollständige Sätze gesucht

1 ✎ *Ergänze die fehlenden Wörter. Notiere die Sätze vollständig in deinem Heft.*

a) Der ... Ozean ist das kleinste Weltmeer.

b) Amerika liegt zwischen dem ... und dem ...Ozean.

c) Die ... ist die gedachte Verbindung zwischen Nord- und Südpol.

d) Asien und ... sind miteinander verbunden.

e) ... ist der kleinste, die ... der kälteste Kontinent.

f) ... besteht aus zwei Kontinenten.

Himmelsrichtungen

Winde werden nach der Himmelsrichtung benannt, aus der sie wehen. Ein Windsack zeigt diese Himmelsrichtung an.

1 *Benenne die Winde ①–⑥ mithilfe der Windrosen .*

2 *Arbeitet zu zweit: Zeichnet drei weitere Windsäcke mit Windrose und lasst eure Partnerin oder euren Partner die Winde benennen.*

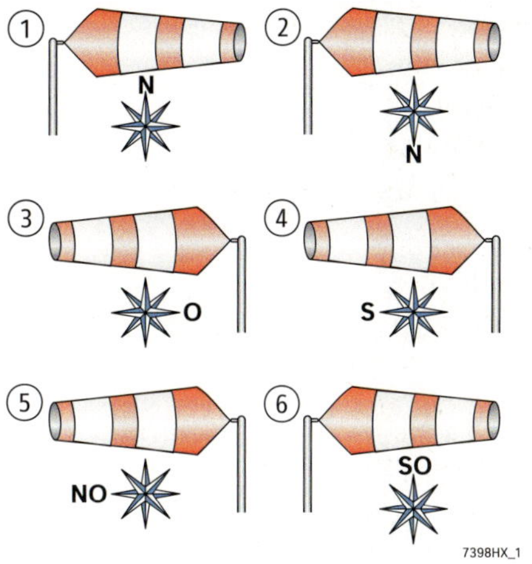

Leben auf der ISS und im Weltraum

Die Besatzung der ISS besteht aus mehreren Wissenschaftlern, den Astronauten. Sie bleiben ungefähr ein halbes Jahr auf der ISS. Ihr Leben ist ganz anders als auf der Erde. Manchmal müssen sie auch die ISS verlassen, um Experimente zu machen oder die Raumstation zu reparieren.

Alexander Gerst im Weltraumanzug

1 *Erkläre die aufwendige Bekleidung der Astronauten (siehe Foto).*

2 *Nach ihrer Rückkehr sprachen viele Wissenschaftler von der Erde als „Paradies, auf das wir achten müssten“. Erläutere, was sie damit meinten.*

3 *Wie sieht dein Wunschplanet aus? Was muss alles gegeben sein, damit du auf ihm gut leben kannst. Zeichne ihn.*

Lagebeziehungen der Kontinente

1 *Vervollständige die Sätze in deinem Heft:*

a) Nordamerika liegt ... von Europa.
b) Australien liegt ... von Asien.
c) Die Antarktis liegt im ... der Erde.
d) Der Pazifik liegt ... von Südamerika.
e) Südamerika grenzt im Osten an den ...
f) Südlich von Europa befindet sich ...

Wortsalat

1 *Bei folgenden Wörtern sind die Buchstaben durcheinandergeraten. Finde die richtigen Begriffe.*

buslog | sambatß | gednele | lirpof

Grundbegriffe

Äquator
Atlas
Globus
Himmelsrichtung
Höhenlinie
Karte
Kontinent
Legende
Maßstab
Ozean
physische Karte
Planquadrat
Profil
thematische Karte

2 Leben in Nordrhein-Westfalen

Köln am Rhein – die größte Stadt in Nordrhein-Westfalen

Unser Bundesland Nordrhein-Westfalen

M1 Physische Karte von Nordrhein-Westfalen

- Landeshauptstadt Düsseldorf (622 000 Einwohner), Sitz der Landesregierung und des Landtages, Messe- und Universitätsstadt, drittgrößter Passagierflughafen
- Fläche: rund 34 000 km² (viertgrößtes Bundesland)
- rund 18 Millionen Einwohner (bevölkerungsreichstes Bundesland)
- (ehemaliger) Industrieraum: Ruhrgebiet
- 29 Großstädte (mindestens 100 000 Einwohner)
- größte Stadt: Köln (etwa 1 Mio. Einwohner)
- landschaftliche Vielfalt: im Norden und Westen Tiefland; von Nordosten bis Südwesten Mittelgebirge; höchster Berg: Langenberg (843 m ü. M.)
- Landhöhen: ..., Gebirge: ..., Gewässer: ...

M2 Steckbrief von Nordrhein-Westfalen

AUFGABEN

1 *Betrachte die Karte von NRW (M1, siehe Seiten 206 – 213).*

a) Finde deinen Wohnort oder eine nahe gelegene Stadt auf der Karte. Notiere zwei weitere Städte, die sich in der Nähe befinden.

b) Übertrage den Steckbrief von NRW (M2) in dein Heft. Ergänze die Angaben zu Landhöhen, Gebirgen und Gewässern.

Das Wappen von Nordrhein-Westfalen besteht aus drei Teilen. Jeder Bereich symbolisiert einen Landesabschnitt von NRW: das Rheinland, Westfalen und Lippe. Der weiße Streifen auf der linken Seite stellt den Rhein dar. Das weiße Pferd auf der rechten Seite ist das Westfalenpferd. Es ist ein Symbol für die Region Westfalens. Unten in der Mitte ist eine rote Blume abgebildet, die Lippische Rose. Sie ist ein Zeichen für die Region Lippe.

M3 Wappen von Nordrhein-Westfalen

M6 Hermannsdenkmal in Detmold

M4 Zeche Zollverein in Essen

M7 Prinzipalmarkt in Münster

M5 Blick auf den Aachener Dom

M8 Kloster Corvey in Höxter

AUFGABEN

2 ✎ *Die Bilder (M4 – M8) zeigen Sehenswürdigkeiten verschiedener Städte. Beschreibe ihre Lage innerhalb von NRW (M1, Atlas).*

3 ✎ *Erkläre mit eigenen Worten die Bedeutung der Symbole Fluss, Pferd und Rose im Wappen von NRW (M3).*

4 *a) Wähle eine Sehenswürdigkeit aus (M4 – M8). Recherchiere zu dieser Sehenswürdigkeit im Internet.*

b) Stelle deine Ergebnisse in einem Kurzvortrag vor

Wir erstellen eine Kartenskizze

M1

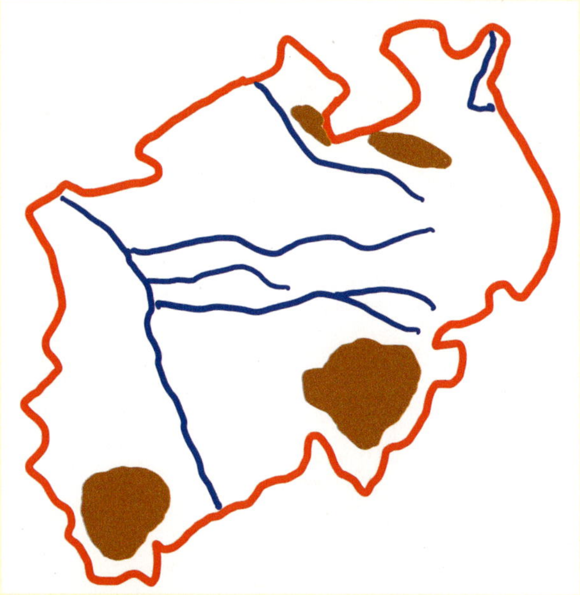

M2

Eine Kartenskizze erstellen

1. Schritt

- Zeichne zunächst die Landesgrenze von Nordrhein-Westfalen mit einem roten Buntstift. Dies wird einfacher, wenn du den Umriss begradigst, das heißt in grober Form nachzeichnest.
- Auf Seite 228 in diesem Buch oder in deinem Atlas findest du eine Karte von NRW als Vorlage, an der du dich orientieren kannst.

2. Schritt

- Trage die Gebirge von Nordrhein-Westfalen mit einem braunen Stift ein. Die „Wolkenform" hilft dir, den groben Umriss zu gestalten.
- Zeichne große Flüsse mit Blau in deine Karte. Dabei gehst du genauso wie bei dem Umriss vor. Auch Flüsse werden begradigt.

Auf Karten werden Teile der Erdoberfläche dargestellt. Sie beinhalten zum Beispiel die Oberflächenformen von Gebirgen, den Verlauf von Flüssen und die Lage von Städten. Mit solchen Karten gelingt eine einfache und schnelle Orientierung. Man erhält eine genaue Vorstellung von Räumen und Regionen. So kann man sich mit einer Karte in einer unbekannten Stadt oder Landschaft zurechtfinden. Dabei kann schon eine selbst gezeichnete einfache Kartenskizze helfen. Es kommt nicht auf genaue Linienführung an, aber die Größe von Gebirgen und die Lage von Städten und Flüssen sollten etwa stimmen.

Berge, Flüsse, Städte und vieles mehr werden als Kartenzeichen in einer Legende dargestellt (M3).

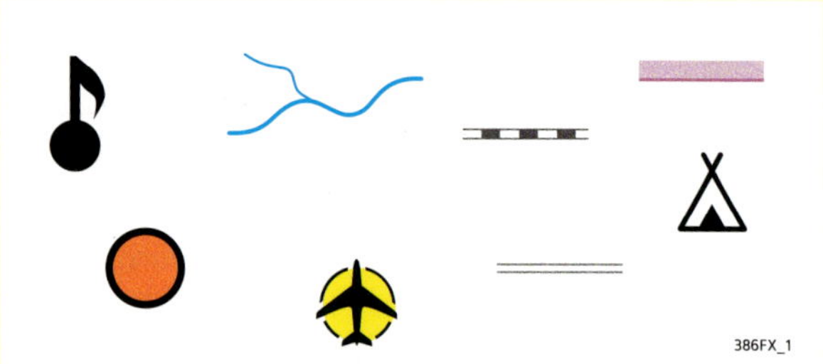

M3 Kartenzeichen einer Legende

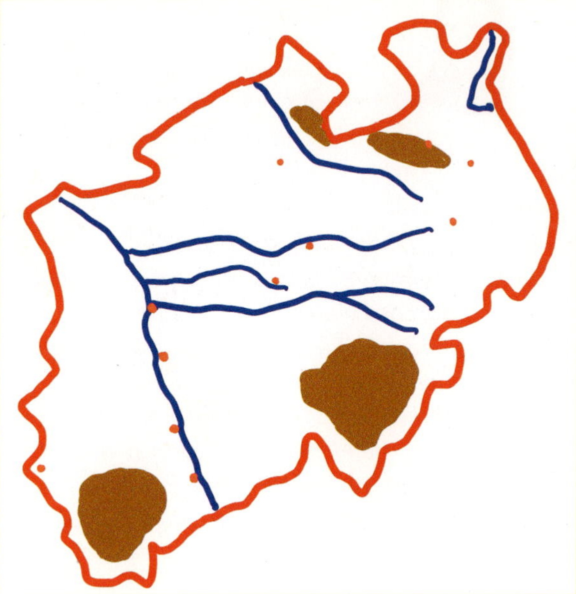

M4

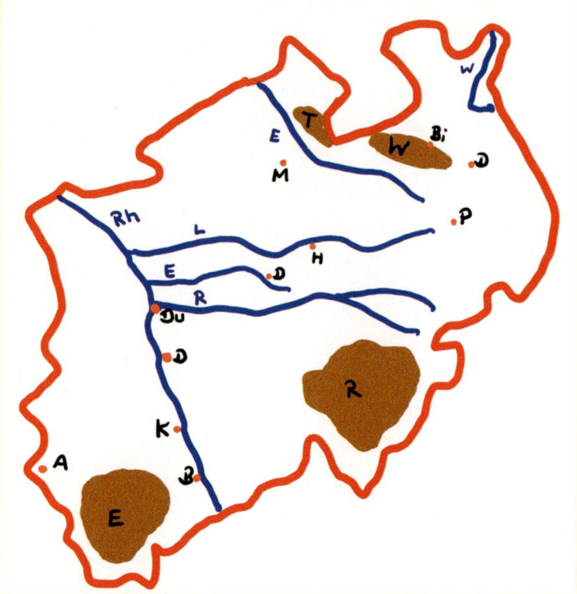

M5

3. Schritt

- Kennzeichne wichtige Städte durch einen roten Punkt.
- Beim Einzeichnen der Städte ist es hilfreich, sich an den Gebirgen und Flüssen zu orientieren. Besonders große Städte kannst du mit einem größeren Punkt kennzeichnen.

4. Schritt

- Würde man alle Gebirge, Flüsse und Städte direkt in der Karte beschriften, wäre diese sehr voll und somit unübersichtlich. Darum werden Karten mit Legenden (M3) versehen. So kann man die Karten „lesen“ und sie bleiben trotzdem übersichtlich.
- Erstelle eine Legende für deine Karte.

Tipps

- Nutze für die Skizze die ganze Größe einer DIN-A4-Seite in deinem Heft. Oder nimm ein leeres DIN-A4-Blatt.
- Lege das Heft oder Blatt quer vor dich.
- Wenn du unsicher bist, solltest du erst einen Bleistift verwenden. Dann kannst du noch radieren und Veränderungen vornehmen, bevor du den roten Buntstift (Arbeitsschritt 1) nimmst.

AUFGABEN

1 *Benenne die in M5 eingetragenen Gebirge, Flüsse und Städte (Atlas).*

2 *Erstelle deine eigene Kartenskizze von Nordrhein-Westfalen.*

3 *Zeichne eine Kartenskizze von Nordrhein-Westfalen zu einem bestimmten Thema (Atlas). Du kannst zum Beispiel Sehenswürdigkeiten eintragen. Erstelle eine dazu passende Legende.*

„Herzlich willkommen in Vynen – ein Stadtteil von Xanten!“

M1 Lage von Vynen und Xanten in NRW

Hallo, mein Name ist Louisa. Ich wohne mit meinem Bruder Jan und meinen Eltern in Vynen (gesprochen: „Finnen“). Vynen ist ein Stadtteil von Xanten, aber sehr dörflich.

„Wir haben ein großes Haus mit Garten. Dort hat unser Hund Loui viel Auslauf. Neben unserem Haus ist eine große Pferdekoppel mit den Pferden unseres Nachbarn.
Viele Nachbarn in unserer Straße wohnen schon sehr lange hier. Hier kennt jeder jeden. In den letzten Jahren sind auch viele junge Familien nach Vynen gezogen. Sie haben hier gebaut, weil die Grundstücke günstig sind und sie lieber auf dem Land leben wollen.
Jeden Morgen fahre ich mit dem Rad zur Schule. Nach der Schule treffe ich mich oft mit meiner Freundin Elif. Sie wohnt direkt in Xanten. Zweimal in der Woche gehen wir zum Volleyballtraining. Außerdem besuchen wir einmal in der Woche den Jugendclub in der Altstadt.“

Freizeitangebote in Vynen und Umgebung

„Im Sommer sind wir oft im Park oder an der Xantener Nord- und Südsee, das sind zwei Baggerseen. Dort kann man Wasserski fahren, rudern oder schwimmen.
Mein Bruder Jan spielt Fußball im Verein. Da er oft am Wochenende ein Spiel hat, müssen ihn meine Eltern zu den Spielen fahren.“

Einkaufen in Vynen und Xanten

„Xanten ist keine Großstadt, viele Läden machen hier bereits um 18:30 Uhr zu. Das Einkaufsangebot ist nicht sehr groß. Es gibt mehrere Discounter, Bekleidungsgeschäfte, Schuhgeschäfte, Buchläden und kleinere Läden.
Bei uns in Vynen gibt es einen Bäcker. Lebensmittel kaufen wir im Nachbardorf oder in Xanten ein. Wenn wir richtig shoppen wollen, dann fahren wir ins Ruhrgebiet oder in die Niederlande.“

M2 Blick auf die Kirche von Vynen

M3 Xantener Nordsee bei Vynen

M4 Altstadt von Xanten

M6 Denkmal des Schiffervereins Vynen

M5 Historische Krimhildmühle in Xanten

M7 Wanderweg entlang der Xantener Südsee

AUFGABEN

1 *Beschreibe die geographische Lage von Vynen (M1).*

2 *Werte die Fotos M2 – M7 aus, indem du zu jedem Foto ein Merkmal des Lebens in Vynen und Xanten notierst.*

3 *a) Trage in eine Tabelle Vorteile und Nachteile des Lebens in Vynen ein.*

b) Würdest du gerne auf dem Land leben? Begründe deine Meinung in einem kurzen Text.

Wir fertigen eine Wegbeschreibung an

Louisa und ihre Freundin Elif treffen sich regelmäßig nach der Schule in Xanten. Viele Strecken legen sie mit dem Fahrrad zurück. Die Wege sind kurz und die Radwege gut ausgebaut. Für weitere Strecken springt oft Louisas Mutter ein. Sie holt die beiden mit dem Auto ab, weil die Busse nur selten fahren.

Heute ist Volleyballtraining und ich bin mit meiner Freundin Elif verabredet.

„Direkt nach Schulschluss fahren Elif und ich mit dem Fahrrad zu Elifs Wohnung im Ahornweg. Nach dem Mittagessen und den Hausaufgaben machen wir uns mit unseren Rädern auf den Weg zur Turnhalle. Mit den Sportsachen im Gepäck geht es dann zum Volleyballtraining, das um 15:30 Uhr beginnt. Nach dem Training besuchen wir gemeinsam Elifs Oma im Seniorenheim, das ganz in der Nähe liegt. Gegen 18:00 Uhr holt uns meine Mutter dort ab und lädt unsere Fahrräder ins Auto. Nachdem wir Elif nach Hause gebracht und sie verabschiedet haben, starten wir unseren Rückweg nach Vynen.“

Elif

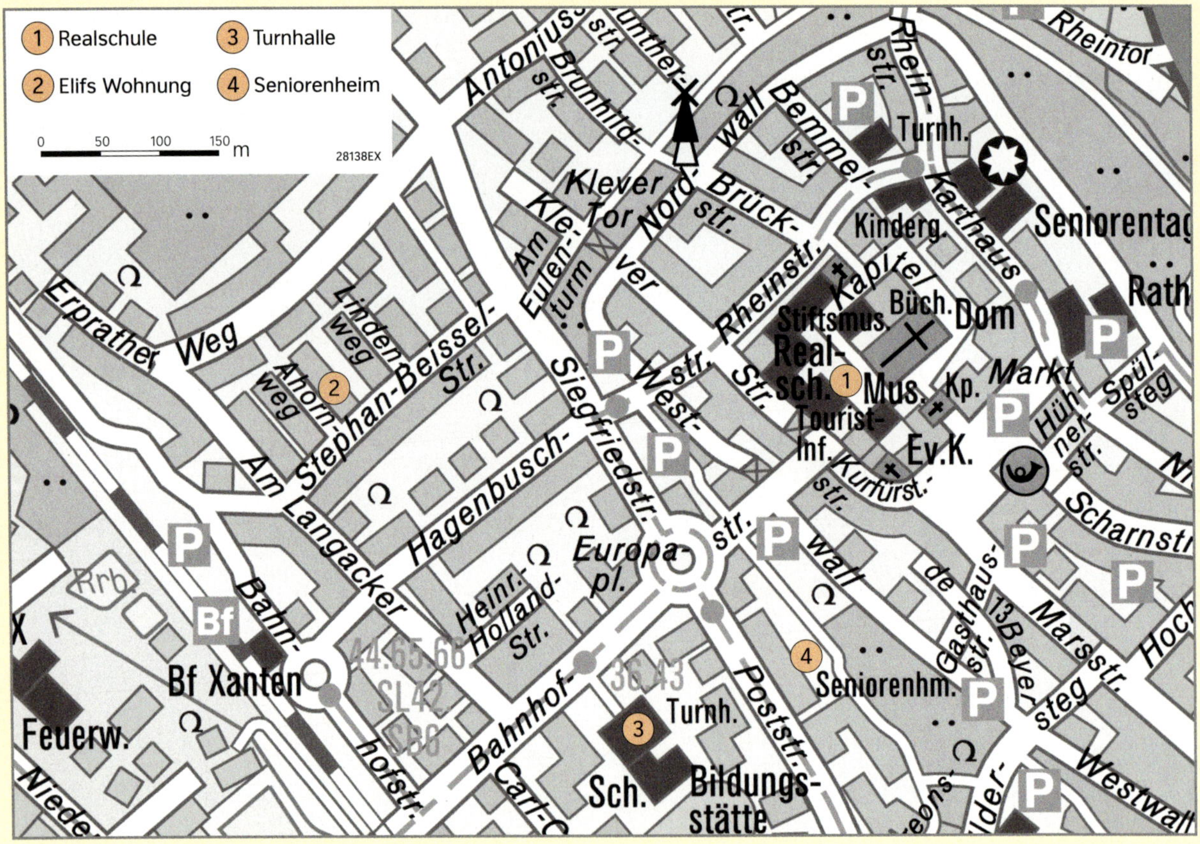

M1 Ausschnitt aus einem Stadtplan von Xanten

Im alltäglichen Leben ist es wichtig, einen Weg beschreiben zu können, zum Beispiel, wenn dich deine Freundin oder dein Freund zum ersten Mal besuchen kommen möchte. Dann ist es wichtig, dass du genau bechreiben kannst, wo du wohnst.
Für eine Wegbeschreibung braucht man möglichst genaue Angaben, damit man das Ziel schnell und sicher findet.

M2 „Da geht es zur Schule!"

Eine Wegbeschreibung anfertigen

1. Schritt
- Nenne zunächst deinen Startpunkt und einen Zielort.

2. Schritt
- Beschreibe genau, wo sich dein Startpunkt befindet.
- Hilfreich sind hier Orientierungspunkte: ein Platz, eine Kirche, ein Gebäude oder der Name der Straße (z. B. „vor dem Eingang der Sporthalle, an der Bahnhofstraße") und Hausnummern.

3. Schritt
- Gib sorgfältig die Richtungen an, in die du dich bewegst (z. B. rechts, links, geradeaus, vorbei an, hinter, erste, abbiegen).

4. Schritt
- Achte darauf, dass du den Weg ausführlich beschreibst. Man muss ihn ohne Probleme finden können. Je mehr Angaben du machst, desto einfacher ist es, den Weg zu verfolgen und das Ziel schnell zu erreichen (z. B. Kreuzung, Ampel, überqueren).

5. Schritt
- Wenn du am Zielort angekommen bist, denke daran, diesen mit mehreren Merkmalen zu beschreiben. Welche Gebäude, Sehenswürdigkeiten, Schilder, Straßennamen befinden sich am Zielort?

Tipps
- Mit einem Stadtplan kannst du die Namen von Straßen und Gebäuden in der richtigen Schreibweise festhalten.
- Du solltest auch ungefähre Zeitangaben oder Weglängen (in Metern) verwenden.
- Es ist zu empfehlen, Pfeile oder kleine Zeichnungen/Skizzen als weitere Hilfe zu nutzen.
- Achte auf Hindernisse (z. B. Baustellen, Sperrungen, fehlende Fußgängerwege oder Zebrastreifen) und schlage passende Umwege vor.

AUFGABEN

1 *Orientiere dich auf der Karte M1. Beschreibe mithilfe des Methodenkastens und den Tipps den Weg, den Louisa und Elif mit ihren Fahrrädern nach der Schule am Nachmittag zurücklegen.*

2 *Wähle einen weiteren Startpunkt und Zielort auf der Karte M1. Beschreibe deiner Nachbarin oder deinem Nachbarn den Weg.*

3 *Fertige eine Wegbeschreibung von deinem Schulweg an.*

„Herzlich willkommen in Düsseldorf!“

M1 Düsseldorf mit Rhein, Fernsehturm und Medienhafen

M2 Einkaufen auf der Königsallee („Kö“)

M4 Freizeit an der Rheinuferpromenade

M3 Politik im NRW-Parlament

M5 Karneval in der Altstadt

Hallo, mein Name ist Jan. Seit zwei Jahren wohne ich mit meinen Eltern und mit meiner Schwester Johanna in Düsseldorf. Vorher haben wir lange in Xanten gewohnt.

„Mein Vater arbeitet im Düsseldorfer Flughafen beim Zoll. Von Xanten aus brauchte er für eine Strecke mit dem Auto immer eine Stunde. Außerdem hat er oft im Stau gestanden.
Vor zwei Jahren hat meine Mutter ein Angebot von einer Düsseldorfer Werbeagentur bekommen, als Grafikerin zu arbeiten. Aus diesem Grund sind wir nach Düsseldorf gezogen."

So wohnen wir in Düsseldorf

„In Xanten haben wir in einem Haus mit Garten gewohnt, jetzt wohnen wir in einer Wohnung mit Balkon in Düsseldorf-Oberbilk. Die Mieten sind hier deutlich höher als auf dem Land, aber dafür wohnen wir sehr zentral.
Unser Auto lassen wir oft in der Garage stehen und fahren mit den öffentlichen Verkehrsmitteln. Zur Schule nehmen meine Schwester und ich den Bus. Das dauert nur ungefähr zehn Minuten."

Das mache ich in meiner Freizeit

Jason

„Nach der Schule verabrede ich mich oft mit meinem Freund Jason. Wir spielen mit den anderen Jungen aus unserer Klasse Basketball. Manchmal treffen wir uns auch im Skatepark und üben dort ein paar Tricks. Im Sommer fahren wir mit dem Skateboard am Rhein entlang.
Wenn das Taschengeld reicht, gehen wir auch ins Kino, in die Stadt oder trainieren eine Runde in der Kletterhalle. Am Wochenende schwimmen wir oft im Spaßbad oder im Freibad.
Meine Eltern müssen mich nicht überall hinbringen. Größere Strecken fahre ich meistens mit dem Bus. Die Busse fahren regelmäßig, auch abends und am Wochenende."

M6 Mit dem Bus zur Schule

M7 Im Skatepark

M8 In der Kletterhalle

AUFGABEN

1 *Beschreibe die Bilder M1 – M5.*

2 *Erkläre, warum Menschen nach Düsseldorf fahren. Orientiere dich dabei an den Bildern M1 – M5.*

3 *Lies den Tagesablauf von Jan.*
- *a) Liste Jans Aktivitäten in deinem Heft auf.*
- *b) Notiere weitere Freizeitaktivitäten, die typisch für das Leben in der Stadt sind, in dein Heft.*
- *c) Vergleicht eure Ergebnisse in der Klasse und ergänzt eure Stichworte.*

M1 Düsseldorfer Messe

M3 Rheinpark

Düsseldorf – unterschiedliche Stadtviertel

Eine Stadt hat viele Gesichter. Genau wie in Düsseldorf gibt es in jeder größeren Stadt **Stadtviertel**. Sie unterscheiden sich durch ihre Nutzung und das Aussehen der Gebäude. Zu den Stadtvierteln zählen **Wohngebiete**, **Industrie- und Gewerbegebiete**, **Erholungsgebiete** und die **City**.
Neben den Stadtvierteln lassen sich in einer Stadt verschiedene Stadtteile sowie kleinere Viertel und Flächen mit unterschiedlicher Nutzung unterscheiden. Dies ist auch in Düsseldorf der Fall.

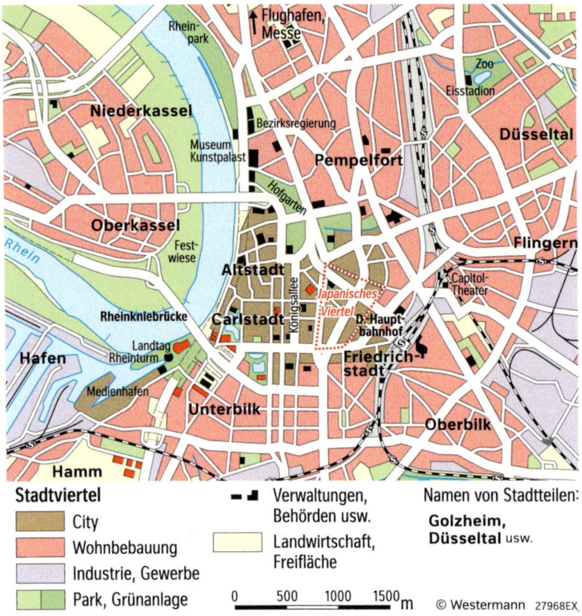

M2 Stadtplan von Düsseldorf

Innenstadt Ⓐ

Der Bereich rund um den Bahnhof und die Altstadt in Düsseldorf ist das Innenstadtviertel, die sogenannte City. Hier kommen Bus- und Bahnlinien zusammen. Es gibt viele Kaufhäuser, Fachgeschäfte und Restaurants, ebenso Banken, Büros, Verwaltungsgebäude und verschiedene Arztpraxen.

Unterbilk und Oberbilk Ⓑ

Nahe der Innenstadt schließen sich verschiedene Viertel an. Im Stadtteil Unterbilk gibt es viele Gebäude der Landesregierung NRW, Ministerien und Bürogebäude. Ganz in der Nähe wurden Altbauten sorgfältig saniert. In modernen neuen Wohnungen wohnen viele wohlhabende Menschen.
Der Stadtteil Oberbilk ist sehr dicht besiedelt und liegt südöstlich des Zentrums. Früher gab es einige Industriebetriebe und die Beschäftigten wohnten direkt in der Nähe. Die älteren Häuser sind mehrgeschossig mit geringeren Mieten. Hier leben heute Familien aus vielen verschiedenen Ländern.

Japanisches Viertel Ⓒ

Düsseldorf hat ein japanisches Viertel. Seit vielen Jahren haben sich Japanerinnen und Japaner angesiedelt, die in japanischen Firmen arbeiten. Mehrere japanische Firmen haben in Düsseldorf ihre Europazentrale. Auch gibt es japanische Restaurants und Geschäfte. Einmal im Jahr findet der Japantag statt. Hier wird den Besuchern die japanische Kultur nähergebracht.

M4 Moderne Gebäude im Medienhafen

M5 Japanisches Geschäft

Verkehrs- und Handelsviertel Ⓓ

Im Düsseldorfer Norden befindet sich der Flughafen, den viele Fluglinien anfliegen. In der Nähe liegt das Gelände der Düsseldorfer Messe. Dort bietet man Geschäftsleuten Flächen, auf der sie Produkte präsentieren und verkaufen können. Es werden viele Produktneuheiten vorgestellt.
Im Düsseldorfer Norden findet man außerdem Autohäuser und Baumärkte. Meist liegen sie außerhalb der Innenstadt und bieten für die Kunden viele Parkplätze an. In diesen Gewerbevierteln gibt es neben Werkstätten, Produktionshallen und Möbelhäusern auch einige Sport- und Fitnessstudios.

Medienhafen Ⓔ

In der Nähe des Rheins befindet sich der Medienhafen. Viele berühmte Architekten haben eigenwillige Gebäude errichtet, in denen sich 800 deutsche und internationale Unternehmen aus den Bereichen Medien, Kommunikation und Werbung befinden. Aber auch Kunstgalerien, Kultureinrichtungen sowie internationale Restaurants und Bars sind im Medienhafen beheimatet. Nach Feierabend ist der Medienhafen ein beliebter Treffpunkt für Jung und Alt.

Grün- und Erholungsflächen Ⓕ

In Düsseldorf gibt es auch verschiedene Naherholungsgebiete wie die Rheinauen, den Rheinpark oder auch den Unterbacher See. Überall findet man Parks und Grünflächen, die zum Ausruhen oder zu Sport und Spiel einladen.
Auf dem Rhein kann man Bootstouren unternehmen oder Wasserski fahren.

M6 Restaurants in der Altstadt

M7 Wohnen in Oberbilk

AUFGABEN

1 *a) Nenne die unterschiedlichen Stadtviertel, die in jeder größeren Stadt zu finden sind.*
b) Erkläre, wie sich diese Stadtviertel im Stadtplan von Düsseldorf (M2) zuordnen lassen.

2 *Lies die Texte Ⓐ–Ⓕ. Ordne sie jeweils dem passenden Foto (M1, M3–M7) zu.* ↗

3 *Beschreibe mithilfe der Texte und M1–M7 die Merkmale der Stadtviertel einer Stadt.* ↗

Düsseldorf – Projekte zur Nachhaltigkeit

Nachhaltigkeit wird immer wichtiger. Das bedeutet, sorgsam mit den natürlichen Grundlagen der Erde umzugehen und verantwortlich zu handeln. Viele Menschen machen sich Gedanken darüber, wie sie nachhaltig leben können. Einige Projekte werden auf dieser Seite vorgestellt.

M 1 In einem Umsonstladen

Umsonstladen

In Düsseldorf gibt es ein ganz besonderes Geschäft: einen Umsonstladen. Man findet ihn auch unter den Namen „Schenkladen" und „Kost-nix-Laden".
Das Prinzip ist einfach: Gut erhaltene Gegenstände und Bekleidung, die nicht mehr benötigt wird, kann man im Laden abgeben. Andere Personen können diese kostenlos mitnehmen. Ein direkter Tausch ist nicht notwendig. Diese Art von Tauschaktion ist nachhaltig und schont die Umwelt.

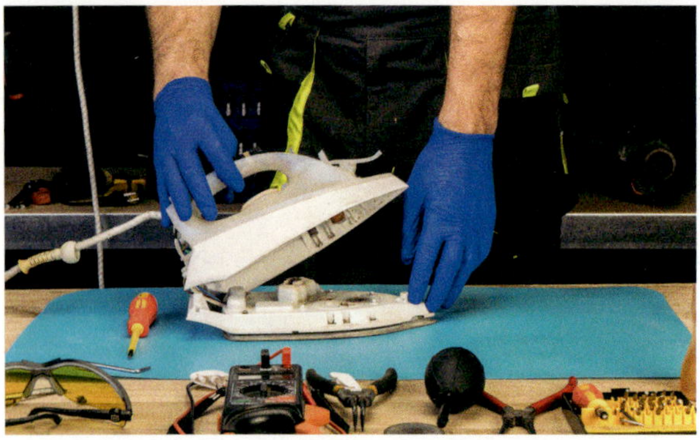

M 2 Ein Bügeleisen wird im Repaircafé repariert.

Repaircafé

Unter dem Motto „Reparieren statt konsumieren" kann man in Düsseldorfer Repaircafés Geräte und Gegenstände selbst reparieren.
Als Besucher der Repaircafés darf man eigene Elektrogeräte mitbringen. Die Experten helfen, diese Geräte zu reparieren. Das Ziel ist es, bei Reparaturarbeiten zu helfen, Ersatzteile zu organisieren und defekte Dinge instand zu setzen, damit sie nicht auf dem Müll landen. Damit wird ein Beitrag zur Verringerung von Elektroschrott geliefert.

M 3 Verkäuferin in einem Unverpacktladen

Unverpacktladen

In Unverpacktläden werden alle Produkte und Lebensmittel ohne Verpackung angeboten. So kann Verpackungsmüll reduziert werden.
In Düsseldorf gibt es inzwischen viele Unverpacktläden. Kundinnen und Kunden können eigene Gefäße mitbringen oder im Geschäft kaufen. Diese werden mit genau der Menge befüllt, die benötigt wird. An der Kasse wird gewogen und nach Gewicht bezahlt. Die Gefäße können beim nächsten Einkauf wieder benutzt werden.

AUFGABE

1. *Beschreibe, was du unter dem Begriff Nachhaltigkeit verstehst.*
2. *Wählt eines der vorgestellten Projekte auf dieser Seite aus. Stellt es in einem Kurzvortrag vor.*

Wohin mit dem Müll?

Wenn wir von **Rohstoffen** reden, meinen wir meistens Kohle, Erdöl oder Eisen. Dabei gibt es einen weiteren Rohstoff, der sehr wertvoll ist und den wir selbst produzieren: Müll!
Müll ist viel zu schade, um ihn einfach wegzuwerfen und ihn dann zu verbrennen oder auf einer Deponie zu lagern. Damit wir Müll wieder als Rohstoff oder Wertstoff verwenden können, müssen wir ihn allerdings richtig trennen. Es gibt verschiedene Mülltonnen für Papier-, Bio- und Restmüll bei dir zu Hause, Verpackungsmüll gehört in den Gelben Sack. Besondere Müllarten kannst du zum Wertstoffhof bringen.

M1 Mülltrennung

M3 Wertstoffhof: Hier werden nicht nur Computer und alte Elektrogeräte angenommen, sondern auch viele weitere Wertstoffe.

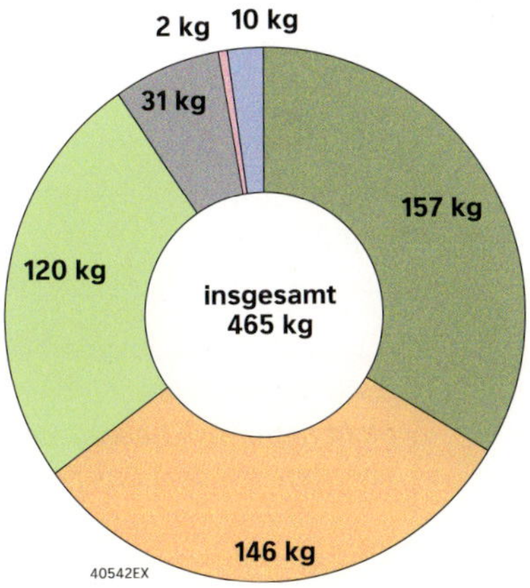

Restmüll
alles, was nicht zu recyceln ist: verschmutztes Papier, Porzellan, Hygieneartikel, Spielzeug, kaputte Kleidung, Teppichreste

Wertstoffe
alles, was man in Wertstofftonnen sammeln oder beim Wertstoffhof abgeben kann: Glas, Verpackung, Pappe, Karton, Metalle, Holz, Textilien, Kunststoffe

Bioabfälle
Abfälle aus der Biotonne und Gartenabfälle

Sperrmüll
Schränke, Sofas, Teppiche

sonstige Abfälle
gefährliche, umweltschädliche Abfälle wie Batterien, Energiesparlampen, Farben, Lacke

Elektrogeräte
in Wertstoffhöfen abgegebene Waschmaschinen, Telefone, Fernseher, Spielkonsolen, Computer

M2 So viel Müll produziert jeder von uns im Jahr im Durchschnitt.

AUFGABEN

1 *Werte das Diagramm M2 aus. Nenne die Arten von Müll, die wir am meisten/wenigsten produzieren.*

2 *a) Beim Einkaufen oder im Alltag Müll zu reduzieren ist einfach. Nenne eigene Möglichkeiten, Müll zu vermeiden.*

b) Notiere deine Ideen auf einem Plakat.

3 *a) Recherchiere nach einem Projekt mit den Stichworten „Nachhaltigkeit“, „Ökologisches Einkaufen“, „Müll vermeiden“ (Internet).*

b) Stelle das Projekt in einer Kleingruppe vor.

S: Probleme und Wege der Müllentsorgung beschreiben

Web-Code: WES-101540-049

Düsseldorf – eine Stadt mit vielen Möglichkeiten

M1 Einige Attraktionen und Sehenswürdigkeiten in Düsseldorf

Warum in die Großstadt?

Leben auf dem Land ist schön und hat viele Vorteile. Wenn man aber mehr Attraktionen und Sehenswürdigkeiten erleben möchte, bietet sich ein Ausflug in die nächste Großstadt an, wie zum Beispiel nach Düsseldorf (M1). Dort gibt es zahlreiche Möglichkeiten, den Tag zu verbringen.

Ich hätte Lust auf einen Stadtbummel.

Das Kunstmuseum hat eine neue Ausstellung. Die würde mich echt interessieren.

Wir waren schon lange nicht mehr im Theater. Wir könnten uns dort das neue Stück ansehen.

Am Samstag gibt es ein Streetfood-Festival. Da würde ich gerne hin.

Ich hätte auch mal wieder Lust, in den Kletterpark am Unterbacher See zu fahren. Dort gibt es eine neue Seilbahn durch die Baumkronen.

Wollten wir nicht mal wieder ins Rheinbad? Da waren wir schon lange nicht mehr.

Am Samstag gibt meine Lieblingsband ein Konzert in der Mitsubishi Electric Halle. Dafür gibt es sogar noch Karten.

Ich möchte gerne am Rheinufer Inliner fahren.

Das Aquazoo Löbbecke Museum muss auch toll sein. Die haben eine neue interaktive Ausstellung.

M2 Vorschläge und Pläne der Familie

Ein Ausflug nach Düsseldorf

M3 Im Auto ...

M5 ... und in der Bahn

Von Xanten nach Düsseldorf sind es etwa 65 km. Die Autofahrt über Landstraßen und die Autobahn dauert circa eine Stunde. Dies gilt aber nur, wenn es keinen Stau gibt.
Am Stadtrand von Düsseldorf gibt es mehrere Parkplätze, an denen Bushaltestellen vorhanden sind. Hier ist das Parken kostenlos. Man verlässt das Parkhaus und sucht eine Haltestelle. Dann geht es von dort aus mit Bus und Bahn in die Innenstadt, zum Beispiel zum Hauptbahnhof. Das Tagesticket für bis zu fünf Personen kostet etwa 22 Euro.
Um ein Umsteigen vom Auto in Bus oder Bahn zu vermeiden, fährt man mit dem Auto weiter in ein City-Parkhaus zwischen Hauptbahnhof und Altstadt. Dann kostet das Parken für den ganzen Tag mindestens 10 Euro.

M4 Anreise mit dem Auto

Die Fahrt mit der Bahn von Xanten nach Düsseldorf dauert etwa 90 Minuten. Die Kosten für ein Ticket für bis zu 5 Personen betragen 51 Euro. Der Hauptbahnhof Düsseldorf befindet sich am Rand der Innenstadt. Vom Bahnhof zur Fußgängerzone oder zur Altstadt mit der Rheinpromenade sind es etwa 15 Minuten zu Fuß.
Wenn man mit öffentlichen Verkehrsmitteln fahren möchte, muss man den Fahrplan und die Dauer der Fahrtzeit im Auge behalten. Der Fahrplan enthält Informationen zu Abfahrtszeiten und zu den Bezeichnungen für die Linien. Die Nutzung einer Fahrplanauskunft mit dem Handy bietet sich an, denn hier werden auch aktuelle Verkehrsstörungen oder Verspätungen frühzeitig angezeigt.

M6 Anreise mit öffentlichen Verkehrsmitteln

AUFGABEN

1 *Die Bilder (M1) zeigen mögliche Ausflugsziele in Düsseldorf. Nenne die Sehenswürdigkeit oder Attraktion, die du am liebsten besuchen würdest. Begründe deine Wahl.*

2 *Eine Familie möchte einen Tagesausflug von Xanten nach Düsseldort unternehmen. Plant in Gruppenarbeit den Tagesausflug.*

a) Entscheidet euch zuerst, ob die Familie das Auto oder die Bahn nutzen sollte. Stellt dazu die Vor- und Nachteile einer Autofahrt und einer Zugfahrt in einer Tabelle gegenüber (M3 – M6). ↗

b) Plant mit Stichworten den Tagesausflug für die Familie. Berücksichtigt dabei die Wünsche der einzelnen Familienmitglieder (M2).

3 *Plane einen Tagesausflug mit deiner Familie von deinem Wohnort in das Aquazoo Löbbecke Museum Düsseldorf. Verwende zur Planung verschiedene Internetseiten, zum Beispiel: www.googlemaps.de und aquazoo.duesseldorf.de.*

Web-Code: WES-101540-051

Stadt und Umland ergänzen sich

M 1 Mit verschiedenen Verkehrsmitteln unterwegs

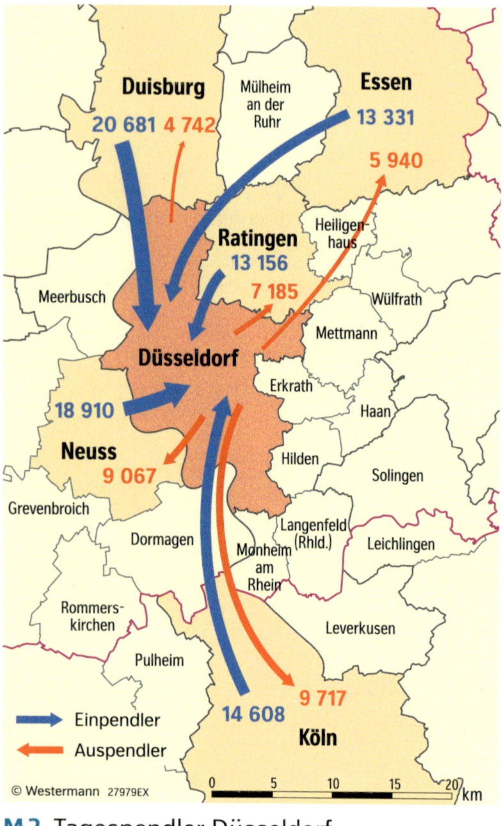

M 2 Tagespendler Düsseldorf

Düsseldorf ist eine Pendlerstadt

Viele Menschen fahren täglich zum Arbeiten in die Stadt. Sie sind **Pendler**, genauer gesagt Berufspendler. Das heißt, sie arbeiten nicht an ihrem Wohnort. Auch Schüler zählen zu den Pendlern, wenn sie in eine andere Stadt oder einen anderen Stadtteil zur Schule fahren. Sie sind sogenannte Ausbildungspendler.

Pendler, die nach Düsseldorf fahren, sind Einpendler. Viele nehmen den eigenen Pkw. Mit S-Bahn, Straßenbahn oder Bus fahren viele Schülerinnen und Schüler. Alle, die Düsseldorf für Beruf, Studium oder Schule verlassen, sind Auspendler.

Einige kombinieren auch verschiedene Verkehrsmittel. Erwachsene fahren sowohl mit dem Auto als auch mit öffentlichen Verkehrsmitteln. Sie fahren mit dem Auto zum Stadtrand, parken dort und steigen in ein öffentliches Verkehrsmittel um. Man spricht hier auch von „Park and Ride“. Das bedeutet: Man parkt auf einem Parkplatz an einer Haltestelle und steigt dann in die Bahn oder den Bus ein.

Die Menschen fahren aber nicht nur als Einpendler zur Arbeit oder zum Schulbesuch in die Stadt, sondern auch zum Einkaufen oder um ins Kino oder Theater zu gehen.

AUFGABEN

1 ✎ *Erkläre mit eigenen Worten den Begriff Pendler. Folgende Begriffe helfen dir bei der Formulierung: Wohnort, Schule, Büro, Auto, Zug, Bus, Bahn, Arbeit, morgens, nachmittags, abends.*

2 ✎ *a) Vergleiche die Anzahl der Auspendler mit der Anzahl der Einpendler in Düsseldorf (M2).*

✎ *b) Stelle die Situation auf den Straßen und in den Bussen/Bahnen am Morgen und am Abend in einer Tabelle dar. Benutze die linke Spalte für morgens, die rechte Spalte für abends.*

Shopping, Arztbesuch oder Freizeitgestaltung – eine Stadt bietet viel, das Land aber auch!

Stadt und Umland ergänzen sich und erfüllen wichtige Funktionen für die Bewohner, die sogenannten Daseinsgrundfunktionen. Diese bezeichnen die grundlegenden Bedürfnisse eines Menschen.

Zu den Daseinsgrundfunktionen gehören: Wohnen, Arbeiten, sich bilden, sich versorgen, in Gemeinschaft leben, am Verkehr teilnehmen und sich erholen.

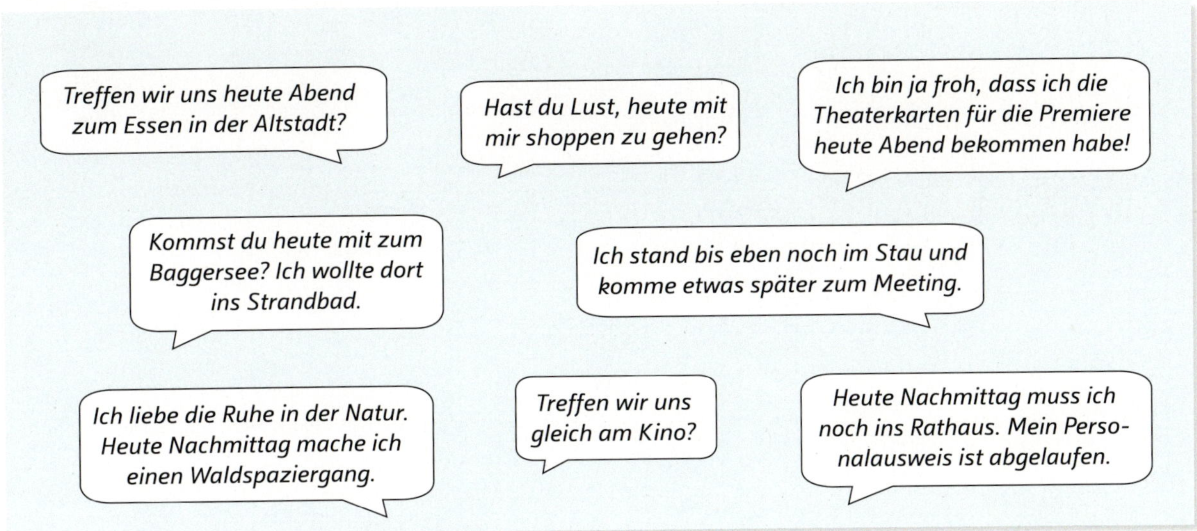

M3 Ausschnitte aus häufigen Unterhaltungen

M4 Stadt und Land ergänzen sich

AUFGABEN

3 a) *Ordne die Sätze und Fragen (M3) den Daseinsgrundfunktionen zu.*
b) *Notiere mit deiner Partnerin oder deinem Partner zwei weitere Beispielsätze.*

4 *Nenne Gründe, warum die Menschen in die Stadt fahren bzw. von der Stadt aufs Land (M4).*

M1 Europa bei Nacht – ein aus vielen Satellitenfotos zusammengesetztes Bild

Verdichtungsräume in Europa – viel Licht und viele Menschen

Europa ist ein dicht besiedelter Erdteil. Hier leben mehr als 700 Millionen Einwohner auf etwa 10 Millionen Quadratkilometern. In Europa findet man viele bedeutende Millionenstädte (M3). Vor allem in West-, Mittel- und Südeuropa ist die **Bevölkerungsdichte** relativ hoch. Hier ballen sich Einwohner und Arbeitsplätze, deshalb findet man hier auch ein gut ausgebautes Straßennetz. Die Beleuchtung von Straßen und Gebäuden sorgt für die hellen Bereiche in M1.

Räume mit hoher Bevölkerungsdichte werden als **Verdichtungsräume** oder auch **Ballungsräume** bezeichnet. Diese gibt es vor allem dort, wo sich die Wirtschaft gut entwickeln konnte, zum Beispiel an Flüssen oder in der Nähe von Rohstoffen.
Der bedeutendste Verdichtungsraum Deutschlands ist die Region Rhein-Ruhr mit über fünf Millionen Einwohnern. Dazu gehört auch Düsseldorf, die Landeshauptstadt von Nordrhein-Westfalen.

AUFGABEN

1 *M1 zeigt Europa bei Nacht. Beschreibe, wo sich die hellsten Bereiche befinden. Benutze dazu die Europakarte (M2).*

2 *Erkläre den Zusammenhang zwischen den hellen Flecken in M1 und der Anzahl der Einwohner.*

3 *a) Beschreibe die Lage des Verdichtungsraums Rhein-Ruhr unter Einbeziehung von wichtigen Flüssen und Städten (Atlas).*

b) Recherchiere und benenne drei weitere Verdichtungsräume in Deutschland (Atlas).

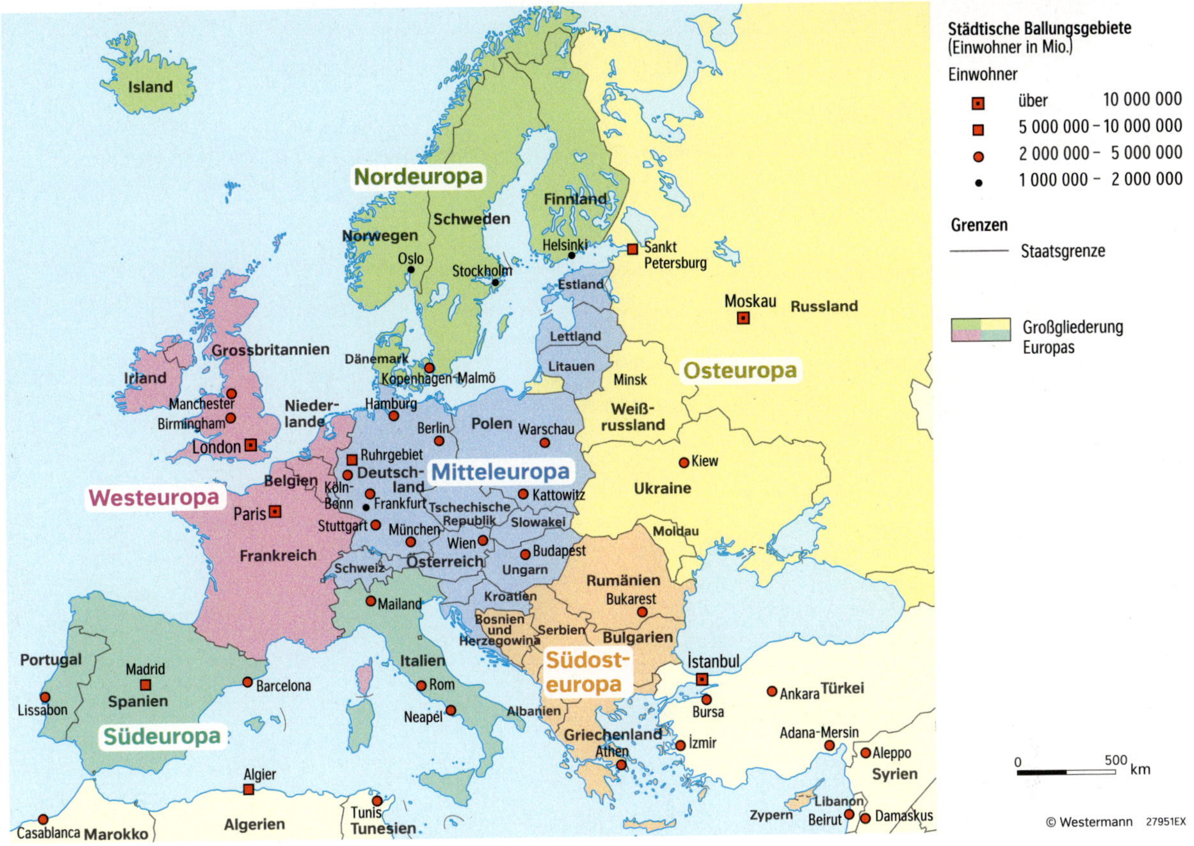

M2 Städtische Ballungsräume und Großgliederung Europas

Platz	Stadt	Einwohner in Millionen
1.	Moskau	12,6
2.	Paris	11,0
3.	London	9,4
4.	Madrid	6,7
5.	Barcelona	5,6
6.	Sankt Petersburg	5,5
7.	Rom	4,3
8.	Berlin	3,6
9.	Athen	3,2
10.	Mailand	3,1

M3 Bevölkerungsreichste Städte Europas (2021)

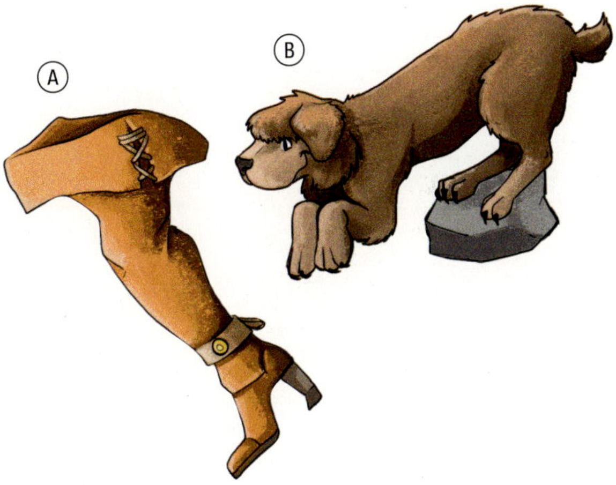

M4 Ausgewählte Staaten Europas einmal anders

AUFGABEN

4 ✎ *a) Verorte die zehn bevölkerungsreichsten Städte Europas auf der Karte. Ordne sie jeweils einem Großraum Europas zu (M2, M3).*

✎ *b) Nenne den Großraum, in dem keine dieser bevölkerungsreichsten Städte liegt (M2, M3).*

5 ✎ *In M4 sind die Umrisse zweier europäischer Länder dargestellt. Benenne die Länder mithilfe von M2.*

Woher kommen die Autos?

1 ✎ *Unter der Karte sind zehn Autokennzeichen abgebildet. Ermittle, welches Autokennzeichen zu welcher Stadt gehört.*

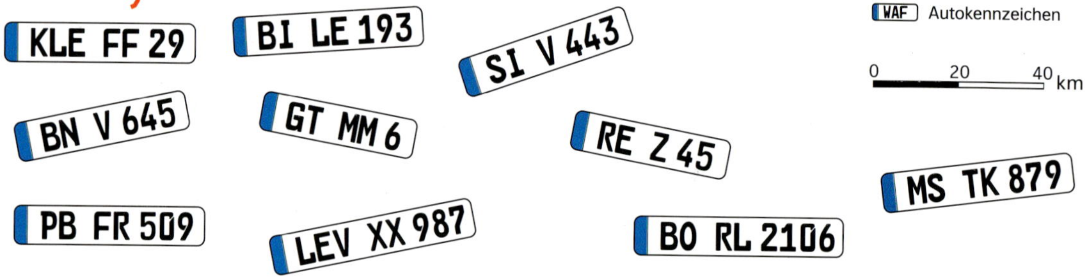

Richtig oder falsch?

1 *Übertrage die Sätze mit der richtigen Lösung in dein Heft. Notiere jeweils den Buchstaben in Klammern dahinter. Die Buchstaben ergeben das Lösungswort.*

1. Nordrhein-Westfalen liegt in
   a) Süddeutschland, (K)
   b) Westdeutschland, (R)
   c) Ostdeutschland. (A)

2. Diese Bundesländer grenzen an NRW:
   a) Bayern, Hessen und Rheinland-Pfalz, (T)
   b) Niedersachsen, Hessen und Rheinland-Pfalz, (H)
   c) Baden-Württemberg, Bayern und Thüringen. (V)

3. Städte werden in einer Karte gekennzeichnet mit
   a) einem roten Punkt, (E)
   b) einem gelben Pfeil, (F)
   c) einem grünen Quadrat. (G)

4. Die Ruhr mündet bei Duisburg in
   a) den Rhein, (I)
   b) die Elbe, (M)
   c) die Donau. (U)

5. Paderborn liegt im
   a) Osten von NRW, (N)
   b) Westen von NRW, (B)
   c) im Süden von NRW. (C)

Stadt oder Land?

1 *Ordne folgende Begriffe dem Land- oder dem Stadtleben zu. Erstelle eine Tabelle.*

günstige Mieten, gesunde Luft, Erholung, Stress abbauen, Einkaufen, Kaufhäuser, früher Ladenschluss, schlechte Verkehrsanbindung, Stau, Parkhäuser, Landwirtschaft, Fachärzte, Theater, Kinos

2 *Finde weitere Begriffe und ordne sie in deiner Tabelle ein.*

Daseinsgrundfunktionen

1 *Nenne die sieben Daseinsgrundfunktionen.*

2 *Notiere zu jeder Daseinsgrundfunktion ein passendes Beispiel aus deinem Alltag.*

Lückentext

1 *Notiere den Satz in deinem Heft. Fülle die Lücken mithilfe des Wortspeichers.*

Als ... bezeichnet man Menschen, die von ihrem ... in einen andere ... oder ... fahren, um dort zu ...

Wortspeicher: arbeiten, Gemeinde, Pendler, Stadt, Wohnort

Grundbegriffe

Ballungsraum
Bevölkerungsdichte
City
Daseinsgrundfunktion
Erholungsgebiet
Industrie- und Gewerbegebiet
Nachhaltigkeit
Pendler
Rohstoff
Stadtviertel
Umland
Verdichtungsraum
Wohngebiet

Web-Code: WES-101540-057

3 Ein Blick auf Deutschland

Im Norddeutschen Tiefland

Im Mittelgebirge

Im Alpenvorland

Blick auf die Alpen

Ein Flug über Deutschland – Großlandschaften entdecken

Stelle dir vor, du könntest an einem Flug über Deutschland teilnehmen. Du startest ganz im Norden Deutschlands und fliegst bis in den Süden.

Wenn du aus dem Fenster schaust, siehst du unter dir Städte und Flüsse, große Ebenen, kleine Hügel und hohe Berge. In Deutschland gibt es viele verschiedene Landschaften.

Es lassen sich vier Typen von **Großlandschaften** unterscheiden, die jeweils ein typisches Aussehen und einige Besonderheiten aufweisen. Sie heißen:

- Norddeutsches Tiefland,
- Mittelgebirge,
- Alpenvorland und
- Alpen.

Auf den folgenden Seiten wirst du diese vier Großlandschaften kennenlernen.

M2 Unsere Flugroute

AUFGABE

1 *Zeichne die Tabelle M1 quer auf eine Seite in dein Heft. Nutze die ganze Seite. Fülle die Tabelle immer aus, wenn du eine neue Großlandschaft kennengelernt hast. Benutze dabei auch den Atlas.*

Großlandschaft	Lage in Deutschland	Aussehen der Landschaft	große Städte
Norddeutsches Tiefland	von der Nord- und Ostsee bis zu den Mittelgebirgen	flache Landschaft ...	Hamburg ...
Mittelgebirge	...	...	...
Alpenvorland	...	...	...
Alpen	...	...	...

M1 Tabelle zu den Großlandschaften Deutschlands

S: geographische Zusammenhänge durch entsprechende Vernetzung einordnen

M 3 Im Norddeutschen Tiefland

Im Norddeutschen Tiefland

Unser Flug startet im Norden Deutschlands. Unter uns liegt das **Norddeutsche Tiefland**, das sich über 250 Kilometer weit von der Nord- und Ostsee bis zu den Mittelgebirgen erstreckt (M4).
Vor den Küsten liegen zahlreiche Inseln. Diese sind beliebte Urlaubsziele. Am Meer liegen außerdem einige große Seehäfen, wie zum Beispiel in Hamburg, die für die Wirtschaft und die Versorgung ganz Deutschlands wichtig sind.
Hinter der Küstenlinie überfliegen wir satte grüne Wiesen und Weiden. Die Landschaft ist flach. Weite Gebiete sind kaum höher als der Meeresspiegel. Die wenigen Hügel sind nicht höher als 200 Meter.
Am Südrand des Norddeutschen Tieflandes sind die Böden besonders fruchtbar. Hier betreiben die Landwirte Ackerbau mit hohen Erträgen. Diese Landschaften werden Börden genannt.

M 4 Lage des Norddeutschen Tieflandes

AUFGABEN

2 *Ergänze in deiner Tabelle (siehe Seite 60, Aufgabe 1, M1) die Angaben für das Norddeutsche Tiefland.*

3 *Arbeite mit dem Atlas. Notiere*

a) die Bundesländer, die ganz oder zum Teil im Norddeutschen Tiefland liegen.

b) die Namen der deutschen Inseln. Gliedere nach Nordsee und Ostsee.

4 *Das Norddeutsche Tiefland erstreckt sich auch über drei Nachbarländer von Deutschland. Nenne die Nachbarländer (Atlas).*

M5 Im Mittelgebirge (Rhön)

M6 Lage der deutschen Mittelgebirge

Im Mittelgebirge

Unser Flugzeug muss nun höher steigen, da wir die **Mittelgebirge** erreichen. Sie erstrecken sich vom Harz und dem Weserbergland über 400 Kilometer weit nach Süden bis zur Schwäbischen Alb. Die Mittelgebirge sind der größte Landschaftsraum Deutschlands (M6). Von West nach Ost reichen sie vom Rheinischen Schiefergebirge bis zum Erzgebirge.

Wir überfliegen nun Berge mit Höhen von bis zu 1500 Metern, die zum Teil mit dichten Wäldern bewachsen sind. Dazwischen erstrecken sich weite Täler, die in Millionen von Jahren von Flüssen geformt wurden. Die meisten Flüsse münden in die Nord- oder Ostsee.

In einigen Gebieten gibt es noch Reste alter Vulkane, zum Beispiel in der Eifel, im Vogelsberg und in der Rhön.

In den Mittelgebirgen entdecken wir auch zahlreiche Städte. Viele der Städte liegen an Flüssen, zum Beispiel am Rhein oder am Main. Auf ihnen fahren täglich viele Schiffe, die Güter transportieren.

AUFGABEN

5 *Ergänze in deiner Tabelle (siehe Seite 60, Aufgabe 1, M1) die Spalten für die Mittelgebirge.*

6 *Arbeite mit dem Atlas:*

a) Nenne die Gewässer, in die die Flüsse Rhein, Weser, Ems, Neckar, Main, Saale und Fulda münden.

b) Zwei hohe Berge in den Mittelgebirgen sind der Brocken im Harz und der Feldberg im Schwarzwald. Ermittle, wie hoch sie sind.

7 *Notiere mithilfe des Atlas Großstädte, die im Bereich der Mittelgebirge und gleichzeitig an Flüssen liegen. Bilde Paare: Stuttgart – Neckar, Frankfurt/M. – Main ...*

M7 Das Alpenvorland und die Alpen im Hintergrund

Im Alpenvorland und in den Alpen

Nachdem wir die Donau überflogen haben, beginnt das **Alpenvorland**, das über 150 Kilometer weit nach Süden reicht. Schließlich kommen wir zu den **Alpen** (M8).

Unter uns liegen zunächst ebene Flächen, die allerdings im Gegensatz zum Norddeutschen Tiefland mit 400 bis 800 Metern wesentlich höher liegen. Je weiter wir nach Süden kommen, desto mehr waldbedeckte Hügel sehen wir. Es gibt viele große Seen, vom Bodensee im Westen bis zum Chiemsee im Osten. Ihr Wasser stammt aus dem Schmelzwasser der Alpen, die wir nun in der Ferne erkennen können. Nur ein kleiner Teil dieses **Hochgebirges** gehört allerdings zu Deutschland. Weitere sieben Länder zählen zum Alpenraum. Die Zugspitze ist mit 2962 Metern Deutschlands höchster Berg.

Das südliche Alpenvorland und die Alpen sind ein bedeutendes Erholungs- und Feriengebiet, im Sommer wie im Winter. In dieser Großlandschaft leben viele Menschen vom Tourismus.

M8 Lage des Alpenvorlandes und der Alpen in Deutschland

AUFGABEN

8 *Ergänze in deiner Tabelle (siehe Seite 60, Aufgabe 1, M1) die Spalten für das Alpenvorland und die Alpen.*

9 *Arbeite mit dem Atlas:*
- *a) Nenne die drei größten Seen im Alpenvorland.*
- *b) Verfolge den Verlauf der Donau. Bestimme, in welches Gewässer der Fluss mündet.*

Deutschland – Bundesländer und Nachbarstaaten

Deutschland ist etwa 358 000 Quadratkilometer groß und setzt sich aus 16 **Bundesländern** zusammen.
Die Bundesländer Berlin, Hamburg und Bremen bestehen aus der Stadt und ihrer näheren Umgebung. Daher werden sie Stadtstaaten genannt. Alle anderen Bundesländer bezeichnet man dagegen als Flächenstaaten.
Jedes Bundesland hat seine eigene Landeshauptstadt. Berlin nimmt dabei eine besondere Rolle ein: Stadtstaat und zugleich die Bundeshauptstadt Deutschlands. Einige Bundesländer haben nicht nur Bundesländer zum Nachbarn, sondern auch andere europäische Staaten (M2).
Deutschland liegt im Herzen Europas. Kein weiteres Land in Europa hat mit so vielen Staaten eine gemeinsame Grenze. Daher ist Deutschland ein wichtiger Partner für die Nachbarstaaten, vor allem in Politik und Wirtschaft.

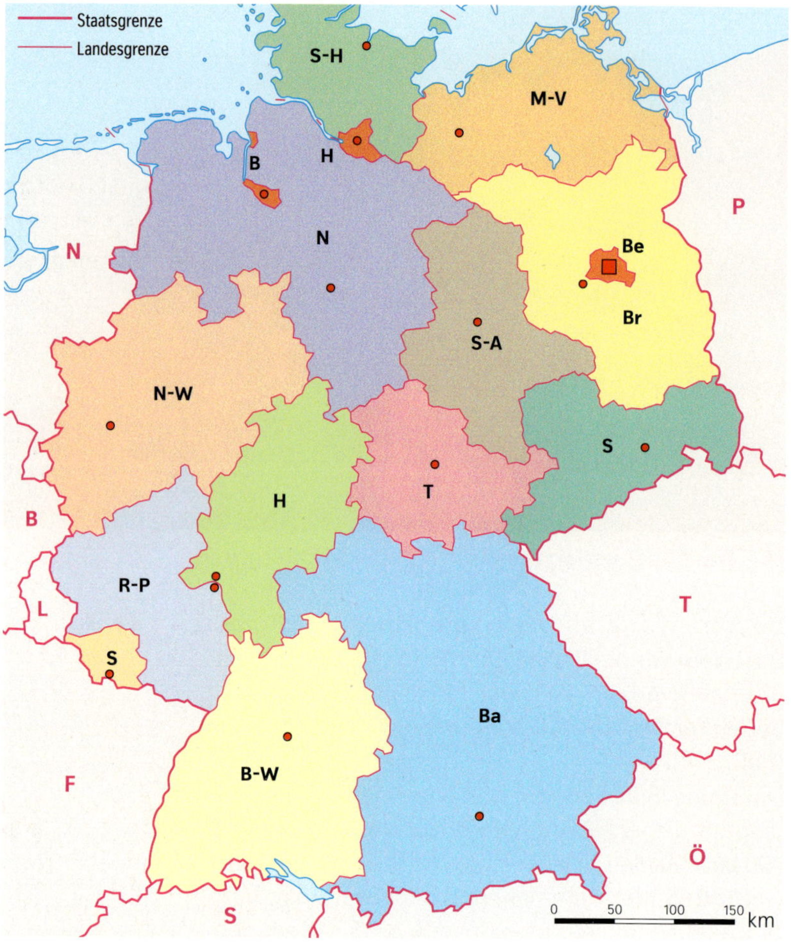

M2 Die 16 Bundesländer Deutschlands

M1 Flagge und Wappen der Bundesrepublik Deutschland

AUFGABEN

1 *a) Nenne alle 16 Bundesländer.*
b) Zähle alle Nachbar-Bundesländer von Nordrhein-Westfalen auf. Beginne im Norden.
c) Nenne das Bundesland mit den meisten Nachbar-Bundesländern.

2 *Notiere alle Bundesländer und die dazugehörigen Hauptstädte (M2). Erstelle ein Tabelle.*

3 *Nenne die Bundesländer, die eine gemeinsame Grenze mit einem oder mehreren europäischen Nachbarstaaten haben.*

Baden-Württemberg

Bayern

Berlin

Brandenburg

Bremen

Hamburg

Hessen

Mecklenburg-Vorpommern

H: sich und andere über einfache geographische Sachverhalte informieren

Bundesland	Fläche (in Quadrat-kilometer)	Einwohner (in Millionen)
Flächenstaaten		
Baden-Württemberg	35748	11,1
Bayern	70542	13,1
Berlin	891	3,7
Brandenburg	29654	2,5
Bremen	419	0,7
Hamburg	755	1,8
Hessen	21116	6,3
Mecklenburg-Vorpommern	23295	1,6
Niedersachsen	47710	8,0
Nordrhein-Westfalen	34112	17,9
Rheinland-Pfalz	19858	4,1
Saarland	2571	1,0
Sachsen	18450	4,1
Sachsen-Anhalt	20457	2,2
Schleswig-Holstein	15801	2,9
Thüringen	16202	2,1
Deutschland	**357581**	**83,2**

M3 Die Bundesländer in Zahlen (2019)

AUFGABEN

4 *Ermittle mithilfe der Tabelle (M3):*
- *a) das größte und das kleinste Bundesland,*
- *b) das Bundesland mit den meisten und das mit den wenigsten Einwohnern.*

5 *Ordne die Bundesländer nach ihrer Einwohnerzahl (M3).*

6 *Erstellt ein Bundesländer-Memory.*

7 *Berichte, welche Bundesländer du schon besucht hast und was dir dort gefallen hat.*

METHODE

Wir basteln ein Bundesländer-Memory

Um die Bundesländer und ihre Hauptstädte leichter zu lernen, könnt ihr ein Memory basteln.

1. Vorüberlegungen
- Überlegt euch, wie viele Karten ihr zu den jeweiligen Bundesländern gestalten möchtet. Das kann zum Beispiel *Bundesland – Hauptstadt – Umrisskarte* sein.
- Wenn ihr es schwieriger mögt: Nutzt auch die Einwohner in Millionen, die Flächenangabe oder die Wappen.

2. Vorbereitung
- Gestaltet die einzelnen Memorykarten zu den Bundesländern.

3. Durchführung
- Legt nun die Karten verdeckt auf den Tisch.
- Dreht immer zwei bzw. drei Karten um.
- Wenn alle Informationen zu einem Bundesland passen, hast du die Karten gewonnen und bist noch mal an der Reihe.

ZUSATZ

M1 Blick über Berlin

M2 Sehenswertes Berlin

Berlin ist eine Reise wert!

Jedes Jahr kommen mehr als 13 Millionen Besucher aus aller Welt in die **Hauptstadt**, um die zahlreichen Sehenswürdigkeiten zu besuchen.
Ein besonders beliebtes Ziel ist das Brandenburger Tor, das Wahrzeichen der Stadt Berlin. Auch der Reichstag, das Pergamon-Museum oder die Reste der Berliner Mauer sowie die vielen Einkaufsmöglichkeiten ziehen die Besucher aus aller Welt an.

AUFGABEN

1 *a) Ordne die Sehenswürdigkeiten auf den Fotos Ⓐ–Ⓕ (M2) den Ziffern im Stadtplan (M3) zu.* ↗

b) Nenne weitere Sehenswürdigkeiten in Berlin (M3). ↗

2 *Beschreibe, was Berlin besonders macht. Stelle die wichtigsten Informationen deiner Nachbarin oder deinem Nachbarn in einem Kurzvortrag vor. Nutze M4 und M5.*

3 *Erkläre, warum vom historischen Berlin gesprochen wird (M5).*

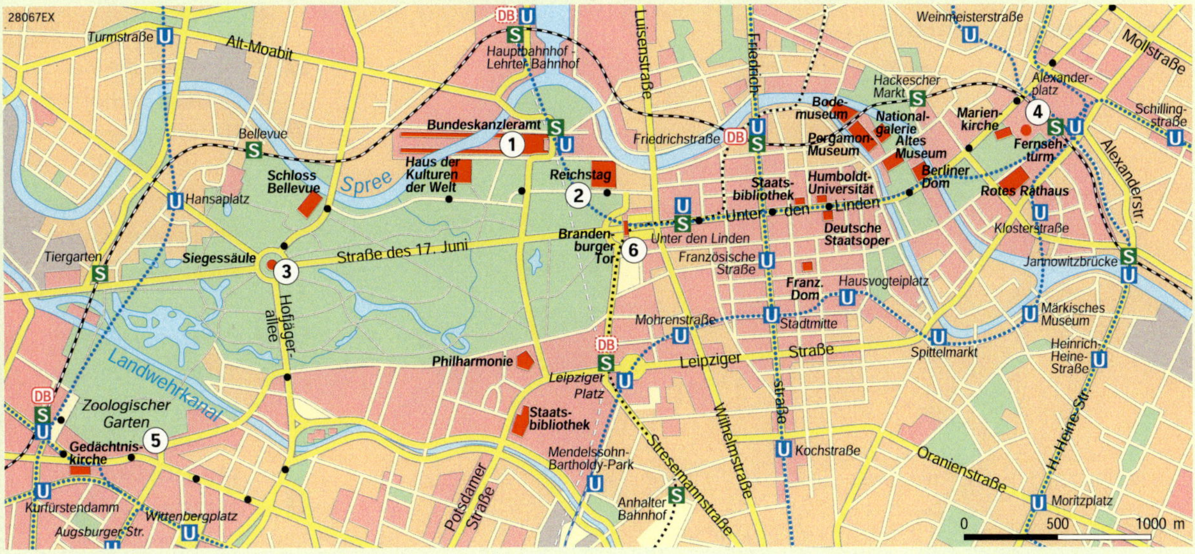

M3 Stadtplan Innenstadt Berlin

Daten und Fakten zur Hauptstadt:
- Hauptstadt seit 1990
- Gliederung: 12 Stadtbezirke, 96 Ortsteile
- Höhe: 34 – 115 m ü. M.
- Einwohnerzahl: 3,77 Millionen (Ende 2020)

Funktion als Hauptstadt:
- Berlin ist das politische Zentrum mit Sitz der Bundesregierung, des Bundespräsidenten, vieler Ministerien, dem Bundesrat sowie zahlreicher Botschaften anderer Staaten.
- Berlin ist ein Verkehrsknotenpunkt.
- Berlin ist Kulturzentrum (mehr als 150 Theater und Bühnen, Opern und Konzerthäuser, etwa 300 Kinos, über 170 Museen).

Berlins Rekorde! – Berlin hat Deutschlands ...
- ... längstes und ältestes U-Bahn-Netz (150 km).
- ... das höchste Bauwerk (Fernsehturm 368 m).
- ... den zweitgrößten Binnenhafen.
- ... den größten innerstädtischen Park (Tiergarten).
- ... die meisten innerstädtischen Wasserstraßen.

M4 Das ist Berlin

Nach dem Zweiten Weltkrieg wurde das „Deutsche Reich" 1949 in zwei Teile geteilt: Im Westen gab es die Bundesrepublik Deutschland (BRD) mit Bonn als Regierungssitz. Im Osten entstand die Deutsche Demokratische Republik (DDR). Auch Berlin wurde geteilt: Der Westteil der Stadt gehörte zur BRD, der Ostteil war Hauptstadt der DDR.
1961 baute die DDR mitten durch die Stadt eine hohe Mauer. Sie sollte verhindern, dass Menschen aus der DDR in den „Westen" fliehen.
Mit dem Rücktritt der DDR-Regierung 1989 kam es zur Grenzöffnung. Nach der Wiedervereinigung wurde Berlin wieder die Hauptstadt Deutschlands.

M5 Das historische Berlin

Lernkarte Deutschland

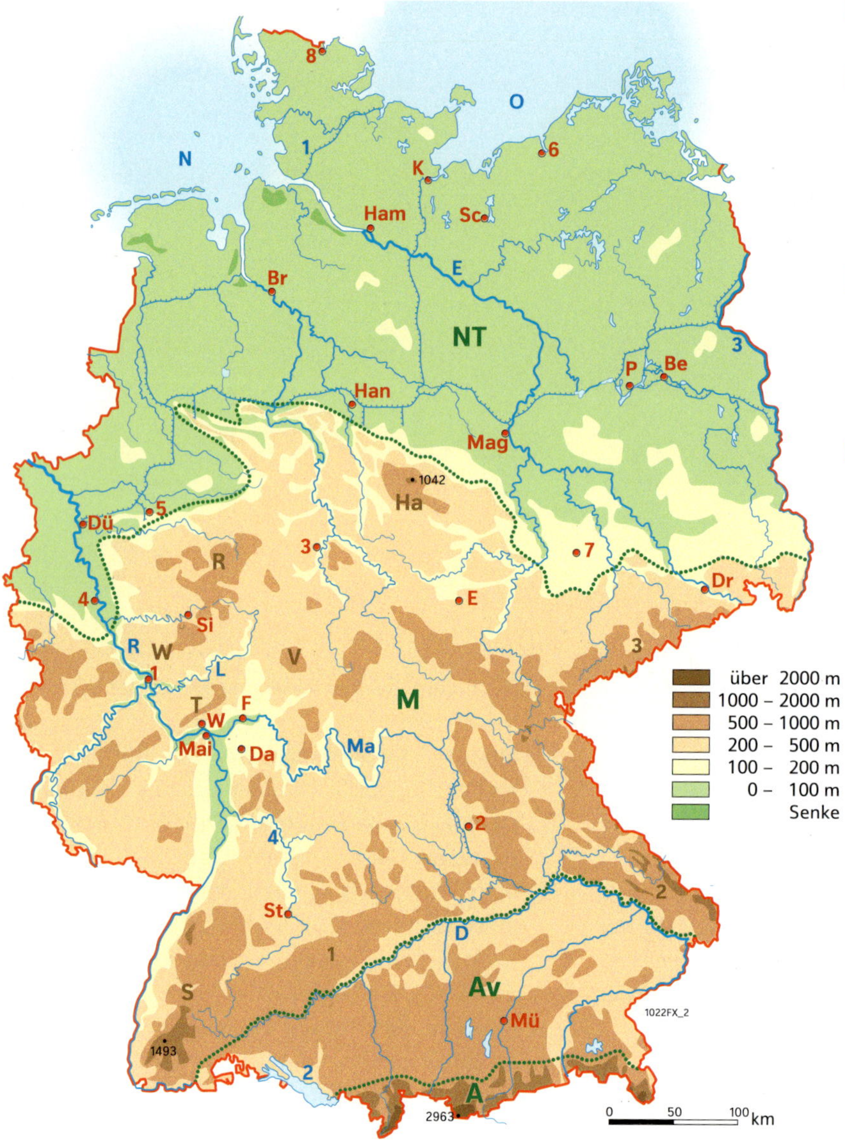

1 ✎ *Benenne die vier Großlandschaften.*

2 ✎ *Benenne die mit Buchstaben markierten Städte, Flüsse und Meere sowie die Gebirge Deutschlands.*

3 ✎ *Benenne weitere mit Zahlen markierte Städte, Flüsse, Kanäle, Seen sowie Gebirge.*

4 *a) Erstelle eine Kartenskizze von Deutschland und trage in diese ein:*
- *die Großlandschaften,*
- *das nördlichste Mittelgebirge,*
- *vier Flüsse,*
- *die Hauptstadt Deutschlands und*
- *mindestens sechs Städte deiner Wahl.*

b) Erstelle eine Legende.

Wir arbeiten mit dem Atlas

1 ✎ *Finde mithilfe des Atlas heraus, in welchen Bundesländern die folgenden Städte liegen.*

a) Nürnberg
b) Weimar
c) Heibronn
d) Flensburg
e) Cottbus
f) Stralsund
g) Kaiserslautern
h) Osnabrück
i) Kassel

Wohin geht die Reise?

1 *Tina und ihre Familie planen für die Sommerferien eine Radtour. Sie möchten abwechslungsreiche Natur sehen und baden gehen, aber nicht so viele Berge hochfahren.*

- *a) Suche für Tinas Familie eine passende Region heraus.*
- *b) Begründe deine Entscheidung.*

Wahr oder falsch?

1 *Beurteile, ob die Aussagen wahr oder falsch sind. Verbessere die falschen Aussagen.*

1. Das Norddeutsche Tiefland erstreckt sich von der Nord- und Ostsee bis zu den Mittelgebirgen.
2. Die Mittelgebirge sind bis zu 800 Meter hoch.
3. Bodensee und Chiemsee sind große Seen im Alpenvorland.
4. Die Alpen sind der größte Landschaftsraum Deutschlands.
5. Die Zugspitze ist der zweithöchste Berg in Deutschland.
6. Die Landeshauptstadt von Nordrhein-Westfalen ist Köln.
7. Das nördlichste Bundesland ist Mecklenburg-Vorpommern.
8. Bayern ist das größte Bundesland.
9. Das Brandenburger Tor ist ein Wahrzeichen Frankfurts.

Landschaften in kleinen Teilen

1 *Die Teile Ⓐ – Ⓓ sind aus Fotos der Großlandschaften ausgeschnitten. Nenne die Landschaften, zu denen die Fotos gehören.*

Was gehört zusammen?

1 *Finde Begriffspaare und begründe deine Entscheidung.*

Alpen | Hessen | Hamburg | Mittelgebirge | Ruhr

Elbe | Lippe | Wiesbaden | Harz | Alpenvorland

Grundbegriffe

Alpen
Alpenvorland
Bundesland
Großlandschaft
Hauptstadt
Hochgebirge
Mittelgebirge
Norddeutsches Tiefland

Web-Code: WES-101540-069

4 Freizeit und Reisen

An der Nordsee (Niedersachsen)

In den Alpen (Bayern)

Freizeit und Urlaub in nah und fern

M1 Freizeit- und Urlaubsziele in diesem Kapitel

Urlaub ist nicht gleich Urlaub

Für viele Menschen ist der Urlaub die schönste Zeit des Jahres. Man kann sich erholen oder aktiv sein, lernt neue Länder, Städte und Kulturen kennen und hat einfach Spaß.

Doch was genau ist eine Urlaubsreise? Von einer Urlaubsreise spricht man, wenn man mehrere Tage an einen anderen Ort als seinen Wohnort reist, um sich zu erholen. Dies ist der beliebte Erholungsurlaub. Wer lieber sportlich aktiv ist, wie zum Beispiel auf einer mehrtägigen Fahrradtour, macht einen Aktivurlaub. Entscheidend für die Bezeichnung ist, was man in dem Urlaub hauptsächlich macht, also zum Beispiel sich am Strand erholen oder viel Kultur anschauen.

Immer beliebter werden kurze Reisen von nur wenigen Tagen, zum Beispiel einem Wochenende. Das sind die Kurzurlaube. Geht es dabei in eine Stadt, macht man eine **Städtereise**. Die meisten schauen sich dort die Sehenswürdigkeiten der Stadt an, gehen in Kirchen, Museen oder Geschäfte und Restaurants. Sie machen dann einen Kultururlaub in einer Stadt.

Freizeit und Urlaub haben viele Gesichter

Endlich Wochenende, endlich Urlaub. Wer kennt nicht das schöne Gefühl, frei zu haben und tun zu können, worauf man Lust hat. Was in der Freizeit gemacht wird, ist oft ganz unterschiedlich. Einige verreisen gern, andere sind lieber zu Hause oder unternehmen etwas direkt vor der eigenen Haustür.

In diesem Kapitel geht es darum, welche Freizeitmöglichkeiten es in der näheren Umgebung und in ganz NRW gibt. Außerdem werden beliebte Reiseziele in Deutschland und Europa vorgestellt. Dabei stellen Tim, Richard und Sina jeweils die Küste, die Mittelgebirge und die Alpen näher vor und zeigen, was man dort alles unternehmen und erleben kann.

M2 Touristen am Brandenburger Tor in Berlin

AUFGABEN

1 *Erstelle eine Liste mit den Dingen, die du in deiner Freizeit unternimmst.*

2 *Berichte von deiner letzten Urlaubsreise. Benutze dabei die im Text beschriebenen Urlaubsarten.*

3 *Eine Familie war für sieben Tage an der Ostsee. Sie ist dabei die ganze Zeit auf dem Ostsee-Radweg geradelt. Welche Art von Urlaub hat sie gemacht? Zwei Begriffe passen.*

4 *Wähle aus:*

- Ⓐ *Beschreibe, welche Art von Urlaub du gerne machst.*
- Ⓑ *Beschreibe, welchen Urlaub du gerne machen würdest.*

ZUSATZ

Wir erstellen eine Collage und eine Urlaubsbox

Im Erdkundeunterricht begegnen dir oft Fotos. Mit Bildern kann man auf viele verschiedene Arten arbeiten: Eine davon ist das Erstellen einer Collage. Hier entsteht aus vielen Einzelbildern ein eigenes und ganz neues Bild.

Eine zweite Möglichkeit ist die Urlaubsbox. Hier zeichnest du zusätzlich eine Skizze und verwendest Gegenstände, die du mit einem Land verbindest. Mit beiden Möglichkeiten kannst du ganz einfach zeigen, wie vielfältig ein Land ist und was du daran besonders magst.

So erstellst du eine Collage

1. Entscheide dich zunächst für ein Thema. Dies kann zum Beispiel das Thema Nord- und Ostsee, der Mittelmeerraum oder ein Land sein.
2. Sammle möglichst viele Bilder aus Prospekten, Reisekatalogen, dem Internet oder von eigenen Urlaubsreisen.
3. Kombiniere die einzelnen Bilder oder Teile davon zu einem neuen Bild. Manchmal bietet es sich an, Gegensätze herauszustellen oder Bilder miteinander zu verbinden, die eigentlich gar nicht zusammenpassen.

Viele Informationen – die Urlaubsbox

1. Besorge dir einen Schuhkarton. Er sollte nicht allzu groß sein.
2. Zeichne eine Skizze des Landes. Sie kommt in die Innenseite der Box.
3. Gestalte den Deckel und den Rest der Box mit Farben. Hier bieten sich die Farben an, die auch in der Flagge des Landes vorkommen.
4. Um deine Urlaubsbox zu füllen, wählst du Dinge aus, die typisch für das Land sind.
5. Stelle deine Urlaubsbox der Klasse vor. Erkläre, was die Gegenstände mit dem Land zu tun haben und warum du sie ausgewählt hast.

AUFGABE

1 a) *Wähle ein Land, in dem du schon warst oder das du gerne bereisen würdest. Erstelle zu diesem Land eine eigene Collage oder eine Urlaubsbox.*

b) *Gestaltet mit euren Ergebnissen eine Ausstellung in eurem Klassenzimmer.*

M1 Inline-Skating im Park

M3 Klettern in den Bergen

M4 Shopping in der Stadt

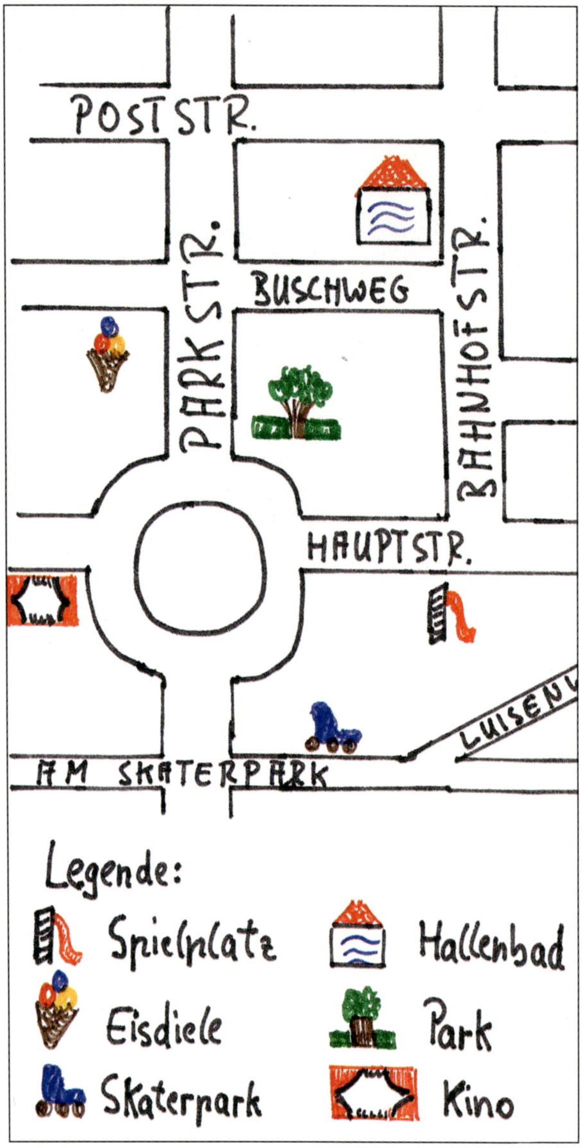

M2 Schülerzeichnung zu Freizeitmöglichkeiten im Wohnviertel

Freizeit in Deutschland

Was ist Freizeit für dich?

„Keine Schule haben, Zeit für das Hobby, den Sport, die Freunde oder einfach nur zur Erholung nutzen." „In aller Ruhe das machen, wozu man gerade Lust hat." Bestimmt gibt es noch viele verschiedene Antworten auf die Frage, was Freizeit ist.

Der Begriff **Freizeit** beschreibt die Zeit, in der man keine Pflichten und Aufgaben wie zum Beispiel in der Schule hat. Und man kann in dieser Zeit selbst entscheiden, wie man sie gestalten möchte.

Unterschiedliche Freizeitmöglichkeiten

Viele von euch sind in eurer Freizeit aktiv. Es lassen sich drei Bereiche unterscheiden:
- Sport und Spiel (z. B. Minigolf),
- Bildung und Kultur (z. B. Museumsbesuch),
- Aktivitäten in der Natur (z. B. Bootsfahrt).

Unsere Freizeitmöglichkeiten sind zahlreich und jedes Jahr kommen neue hinzu: neue Trendsportarten, bessere Spielekonsolen oder angesagte Influencer mit einem neuen Hype.

AUFGABEN

1 *Beschreibe, was für dich Freizeit ist. Was unternimmst du gern?*

2 *Erstellt in eurer Klasse eine Liste mit den liebsten Freizeitaktivitäten.*

3 *a) Recherchiere zu den Freizeitangeboten in deiner Wohnortnähe.*

b) Skizziere eine einfache Karte mit den Freizeitangeboten in deiner Nähe (siehe Beispiel M2).

M5 Phantasialand in Brühl

M7 Alpincenter Bottrop

M8 Aquapark Oberhausen

Freizeit bei uns um die Ecke

Der große Jahresurlaub mit der Familie ist toll, aber was ist mit dem Rest des Jahres? Wo kann man ohne lange Planung und Anreise die Freizeit verbringen? Bestimmt fallen den meisten einige Möglichkeiten ein, was man Interessantes im eigenen Stadtteil erleben und machen kann.

Viele waren schon einmal in einem der zahlreichen Freizeitparks in Deutschland oder haben einen Zoo in der Nähe besucht. Die Städte bauen ihr Angebot zur **Naherholung** immer weiter aus. Von Naherholung spricht man, wenn die Menschen nicht weit wegfahren, um ihre Freizeit zu verbringen. Oft sind sie nur wenige Stunden unterwegs und abends wieder zu Hause.

Besonders beliebte Ziele sind oft sogenannte „künstliche Erlebniswelten", wie etwa die großen Erlebnisbäder, Skihallen, Indoor-Kletterparks oder Soccerhallen (M5, M7, M8).

M9 Ausgewählte Freizeitparks, Skihallen und Erlebnisbäder in Nordrhein-Westfalen

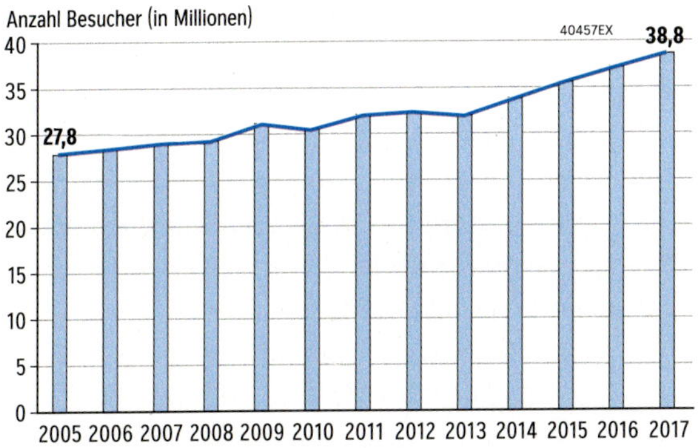

M6 Besucherzahlen in deutschen Freizeitparks

AUFGABEN

4 *Berichte von einem Ausflug in die nähere Umgebung.*

5 *Erkläre den Begriff Naherholung.*

6 *Erläutere die Entwicklung der Besucherzahlen von Freizeitparks in Deutschland (M6).*

7 *a) Recherchiere zu einem der Freizeitangebote aus der Karte M9.*

b) Stelle dar, welches der Freizeitangebote du gerne besuchen würdest.

M1 Schrägluftbild von Norderney

Urlaub an der Küste

*Moin, ich bin Tim.
Auf den folgenden Seiten berichte ich euch von meinem Urlaub mit meinen Eltern auf Norderney.*

Die Überfahrt nach Norderney

„Richtig los mit dem Urlaub ging es für mich auf der Fähre von Norddeich nach Norderney. Obwohl das Schiff mehrmals am Tag fährt, war es rappelvoll. Schließlich besuchen jedes Jahr bis zu vier Millionen Gäste die Insel. Norderney ist ja ein berühmtes Kurbad und beliebtes Ziel für Klassenfahrten.

Auf der fast einstündigen Überfahrt war ich viel an Deck und kämpfte mit den frechen Möwen, die immer an mein Essen wollten. Leider konnte ich keine Seehunde erblicken.

Nach dem Anlegen ging es gleich auf den kurzen Weg vom Hafen in die Stadt."

Die Stadt auf der Insel

„Unsere Zimmer sind richtig gut. Jetzt bin ich auf die Stadt und den Strand gespannt.

Aber zuerst fallen mir die vielen Menschen auf. In der Hauptsaison im Sommer sind es bis zu 30 000 Besucher. Pro Tag! Und dabei leben hier nur 6000 Einheimische. Also hat in der Sommersaison jeder „Ur-Norderneyer" fünf Fremde um sich herum. Erst im Winter sind die Insulaner wieder unter sich. Bei den vielen Besuchern ist es für mich kein Wunder, dass fast alle Einheimischen vom Tourismus leben. Da gibt es die Wohnungsvermieter, Fahrradverleiher, Cafébesitzer, Ladenverkäufer, Wattführer und noch mehr.

Ich leihe mir zuerst ein Fahrrad für eine Runde über die Insel. Kommt mit!"

M2 Norderney-Fähre im Hafen

M3 Hotels am Strand von Norderney

S: geographische Sachverhalte topographisch einordnen

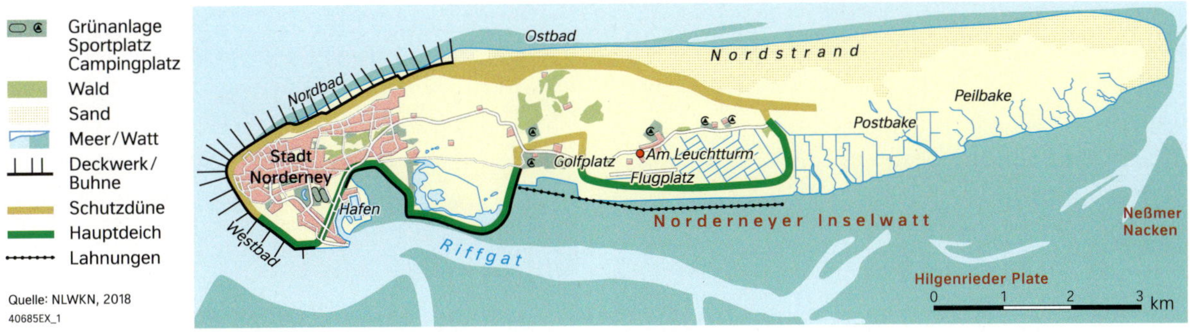

M4 Karte von Norderney

Auf zum Strand

„Nach der Stadt will ich nun aber endlich an den Strand und aufs Meer schauen.
Dafür muss ich mich zuerst einmal auf den Deich hochquälen. Von hier oben hat man schon eine ganz gute Übersicht über die Dünen bis zum Strand und über das Hinterland mit den Wiesen für die Schafe. Außerdem sind die Deiche natürlich ein lebenswichtiger Schutz vor Sturmfluten, die immer wieder drohen. Und mit dem steigenden Meeresspiegel müssen auch die Deiche immer weiter erhöht werden. Ist ja logisch."

Durch die Dünen zum Strand

„Ich habe schon vorher gehört, dass ich ein bisschen Glück brauche, um das Meer zu sehen, da es hier an der Nordsee Ebbe und Flut gibt. Was das genau ist, erkläre ich euch auf den nächsten Seiten. Jetzt wünscht mir Glück, dass wir Flut haben.
Hier in den Dünen bleibe ich besser auf dem Weg, da die Dünen enorm wichtig sind. Hier findet man zum Beispiel seltene Pflanzen und Tiere. Viele Vögel brüten genau hier. Außerdem befestigen die Dünenpflanzen den feinen Sand, der sonst durch den Seewind abgetragen würde."

M5 Schafe grasen auf dem Deich

M6 Sanddünen mit Pflanzen

AUFGABEN

1. *Beschreibe, welche verschiedenen Bereiche es auf Norderney gibt. Nutze dazu die Legende (M4) und Tims Berichte.*
2. *Erkläre, welche Bedeutung die Dünen für die Insel haben.*
3. *Stelle in einer Tabelle die Vor- und Nachteile der vielen Norderney-Besucher gegenüber.*
4. *Nimm zu den vielen Touristen auf Norderney kritisch Stellung.*

M 1 Kutter im Hafen bei Hochwasser

M 3 Kutter im Hafen bei Niedrigwasser

Die Gezeiten

Moin von Norderney!

„Auf heute habe ich mich besonders gefreut. Ich mache eine Kutterfahrt zu den Seehundbänken. Leider geht es richtig früh raus, da wir mit dem Kutter nur bei Flut auslaufen können. Wie das genau mit Flut und Ebbe ist, kann ich gleich den Kapitän fragen.

Jetzt erst mal rauf aufs Boot und Leinen los!“

Moin, Herr Kapitän!
Warum müssen wir denn heute so wahnsinnig früh auslaufen?

Moin, du Landratte! Wir müssen so früh raus, weil wir nur mit Flut auslaufen können.

„Hier an der Nordsee hebt und senkt sich der Wasserstand zweimal am Tag. Während der ***Flut*** *steigt das Wasser stetig an, bis es seinen Höchststand, das* ***Hochwasser*** *(HW), erreicht hat. Dann zieht sich das Wasser während der* ***Ebbe*** *wieder zurück und fällt bis auf seinen niedrigsten Stand, das* ***Niedrigwasser*** *(NW). Dieses Wechselspiel zwischen Ebbe und Flut sind die* ***Gezeiten****.*

Die Gezeiten werden auch ***Tide*** *genannt. Und im Tidenkalender steht für jeden Ort an der Nordsee, zu welcher Zeit genau wir Hoch- oder Niedrigwasser haben.*

Da sich Ebbe und Flut nicht genau alle 12 Stunden, sondern alle 12 Stunden und 25 Minuten abwechseln, verschieben sich die Hoch- und Niedrigwasserstände von Tag zu Tag ein wenig.

Die Urlauber, die ins Watt oder ins Meer wollen, und wir Kutterfahrer müssen uns also tagtäglich informieren, wann genau Ebbe und Flut ist.“

	HW	NW	HW	NW
11.07.2021	00:10	06:23	12:19	18:51
12.07.2021	00:49	06:59	12:55	19:28
13.07.2021	01:29	07:33	13:31	20:04
HW = Hochwasser, NW = Niedrigwasser				
Quelle: BSH, 2021				

M 2 Tidenkalender für Norderney

AUFGABEN

1 *Erkläre mit eigenen Worten die im Text fett gedruckten Begriffe.*

2 *Erläutere, warum man einen Tidenkalender braucht.*

3 *Ihr möchtet auf Norderney baden gehen. Ermittelt die beste Uhrzeit dafür (M2, M4).* ↗

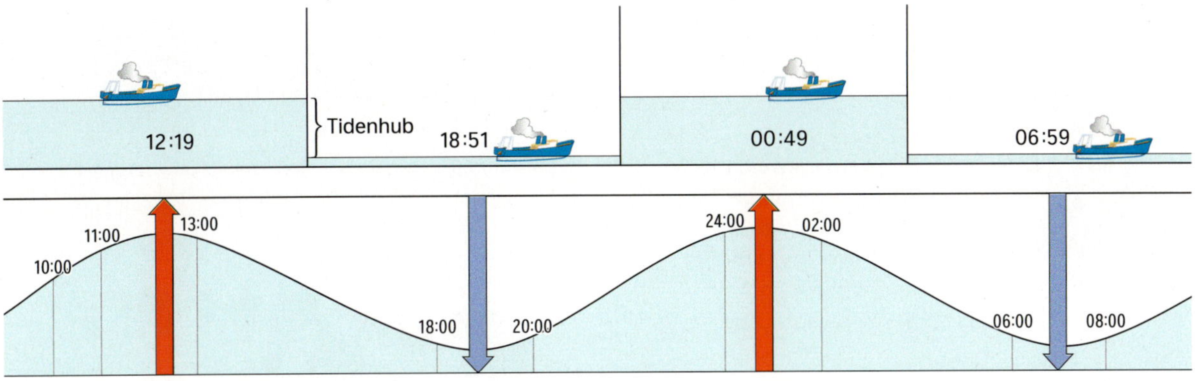

M4 Der Gezeitenwechsel für Norderney, Riffgat (11.07.2021 – 12.07.2021)

Okay, den Tidenkalender kann ich also lesen wie einen Busfahrplan. Nur dass hier nicht der Bus, sondern die Flut kommt oder gerade Ebbe ist. Aber warum gibt es Ebbe und Flut überhaupt?

„Das mit den Gezeiten habe ich noch einmal im Internet recherchiert. Die Entstehung von Ebbe und Flut hat vor allem mit dem Mond zu tun: Der Mond zieht das Wasser an, das ihm auf der Erde gerade zugewandt ist (M5). Hier entsteht auf der Erde ein Wasserberg – dort ist dann Flut. Auf der gegenüberliegenden Seite der Erde entsteht ebenfalls ein Wasserberg. Durch die Erddrehung bewegen sich die beiden Flutberge scheinbar über die Erdoberfläche. Dazwischen sinkt der Wasserspiegel wieder, was als Ebbe bezeichnet wird. Und da sich die Erde ständig dreht, wechselt das circa alle 12 Stunden."

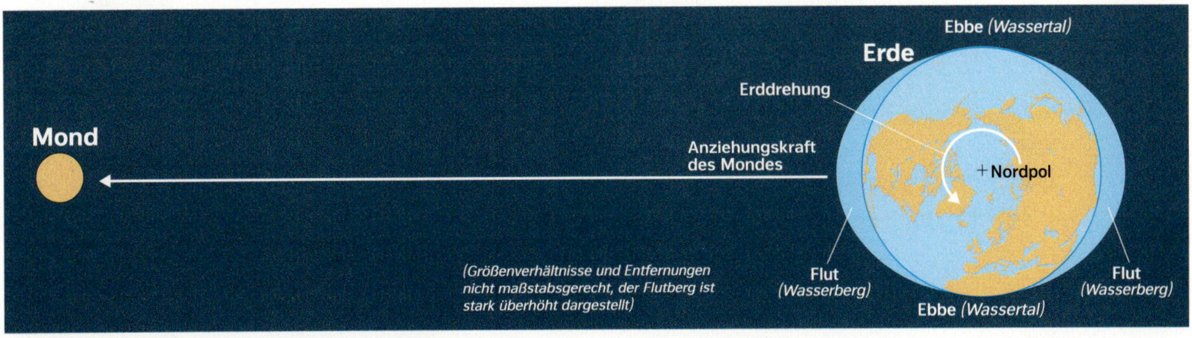

M5 Die Entstehung von Ebbe und Flut

AUFGABEN

4 *Übertrage die Abbildung M5 in dein Heft und beschrifte sie.*

5 *Erkläre mit eigenen Worten, wie es zu den Gezeiten kommt.*

6 *Erläutere, welchen Einfluss die Gezeiten auf den Fährverkehr zu den Inseln haben.*

7 *Nimm Stellung zu Tims Aussage: „Der Tidenkalender ist wie ein Busfahrplan."*

Web-Code: WES-101540-079

Das Wattenmeer

Moin, heute konnte ich mal lange schlafen. Es geht nämlich ins Watt. Und das klappt logischerweise nur bei Ebbe. Jetzt muss ich aber auch los, denn ich muss einmal quer über die Insel bis zum Treffpunkt im Watt.

Moin, ich bin Henrike, eure Wattführerin. Ich zeige euch heute den einzigartigen Lebensraum im Watt. Los geht's.

„Wir durchqueren hier als Erstes die Salzwiesen. Die heißen so, weil sie bei besonders starker Flut immer wieder von Salzwasser überschwemmt werden. Also können hier nur Pflanzen wachsen, die auch Salzwasser vertragen. In den Salzwiesen brüten aber auch zahlreiche Vögel, etwa die verschiedenen Möwenarten."

M 2 Auf der Wattwanderung

Pfui, jetzt wird es matschig. Igitt!

Jetzt stehen wir ja auch im Watt.

„Das ist platt gesagt der Meeresboden. Nur ohne Wasser darüber.
Wenn du das schon eklig findest, dann sage ich dir besser nicht, was das bei deinen Füßen für kleine Haufen sind. Das sind nämlich die Kothaufen der Wattwürmer, die hier zu Milliarden im Meeresboden leben.
Aber es gibt hier noch so viel mehr zu sehen. Mit nur einem Spatenstich zeige ich euch Schnecken, Würmer, Krebse, Muscheln und mehr. Passt gut auf!
Hier gibt es so viel Leben, weil durch die Gezeiten zwei Mal am Tag ein riesiges und frisches Angebot an Nährstoffen, also Nahrung, angespült wird. Da lässt es sich als Miesmuschel oder Wattwurm gut leben."

M 1 Das Watt aus der Nähe betrachtet

AUFGABEN

1 *Beschreibe, was Tim im Watt erlebt und über das Watt erfährt.*

2 *Stelle erste Vermutungen an, warum das Wattenmeer so wichtig ist.*

3 *a) Informiert euch über die Tier- und Pflanzenwelt des Wattenmeeres.*

b) Stellt jeweils eine Tier- oder Pflanzenart in der Klasse vor.

Das war ein ekliger Spaß. Und was ich alles gesehen habe in dieser Matsche! Sorry, im Meeresboden natürlich. Hier noch meine Foto-Highlights. Erkennt ihr etwas wieder?

M3 Tims Wattfunde

„Für die richtig Bio-Interessierten unter euch habe ich noch dieses Schaubild entdeckt (M4). Hier seht ihr, welche Bereiche es im Wattenmeer gibt und was dort alles lebt und wächst. Das finde ich ganz spannend."

M4 Das Wattenmeer

AUFGABEN

4 *Ordne Tims Fotos ①–⑥ (M3) die passenden Tiernamen zu: Echte Schwertmuschel, Eier-Rochen, Herzmuschel, Taschenkrebs, Wattwurm, Wellhornmuschel. Recherchiere dazu im Internet.*

5 *a) Zeichne das Schaubild M4 in dein Heft.*

b) Ordne deiner Zeichnung die folgenden Begriffe zu: Rastplatz für Seehunde, Meer, Düne, Jagdgebiet der Schwimmvögel, Vogelbrutplätze, Salzwiese, Watt, Kinderstube der Seehunde.

6 *Beschreibe den Lebensraum Wattenmeer mithilfe deiner Aufzeichnungen.*

Web-Code: WES-101540-081

An Deutschlands Küsten

Weltnaturerbe Wattenmeer

Das Wattenmeer ist ein weltweit einzigartiger Lebensraum, der sich durch die Wellen, den Wind und die Gezeiten auch noch ständig verändert. Diese rund 400 Kilometer lange Landschaft ist eines der größten Feuchtgebiete der Erde und liegt direkt an der Nordseeküste.

Es ist ein wichtiger Lebensraum für Tausende verschiedene Tier- und Pflanzenarten. So machen hier zum Beispiel jedes Jahr Millionen Zugvögel auf ihrem Flug nach Afrika Rast.

Doch das einmalige Ökosystem des Wattenmeeres ist durch den Menschen bedroht. Immer mehr Touristen und vor allem der wachsende Schiffsverkehr belasten die sensible Umwelt. Zum besseren Schutz wurde das Wattenmeer daher 2009 zum Weltnaturerbe erklärt.

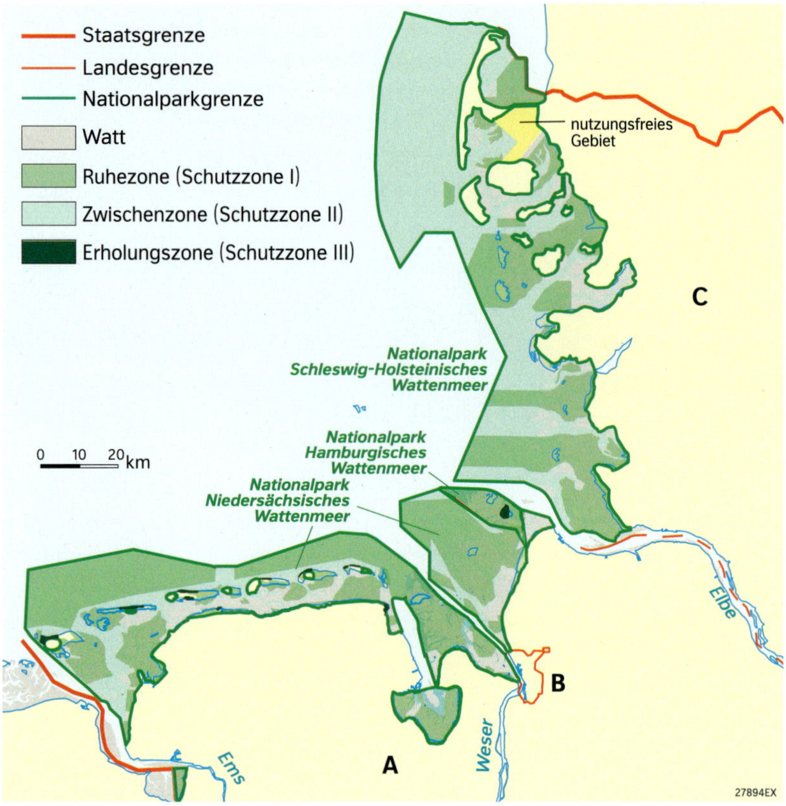

M2 Nationalpark Wattenmeer

M1 Tims Wattfotos

AUFGABEN

1 ✎ *Nenne die deutschen Bundesländer, die Anteil am Wattenmeer haben (M2, Atlas).*

2 ✎ *Zu den Ostfriesischen Inseln gibt es den Lernspruch: „Bei jeder Nordseeinsel buddeln lustige Seemänner Wattlöcher." Liste auf, welche Inselnamen in diesem Spruch versteckt sind.*

3 ✎ *Das Wattenmeer ist zum Weltnaturerbe erklärt worden. Nenne mögliche Gründe dafür.*

4 *a) Recherchiere ein weiteres Weltnaturerbe (Internet).*

b) Stelle es der Klasse vor.

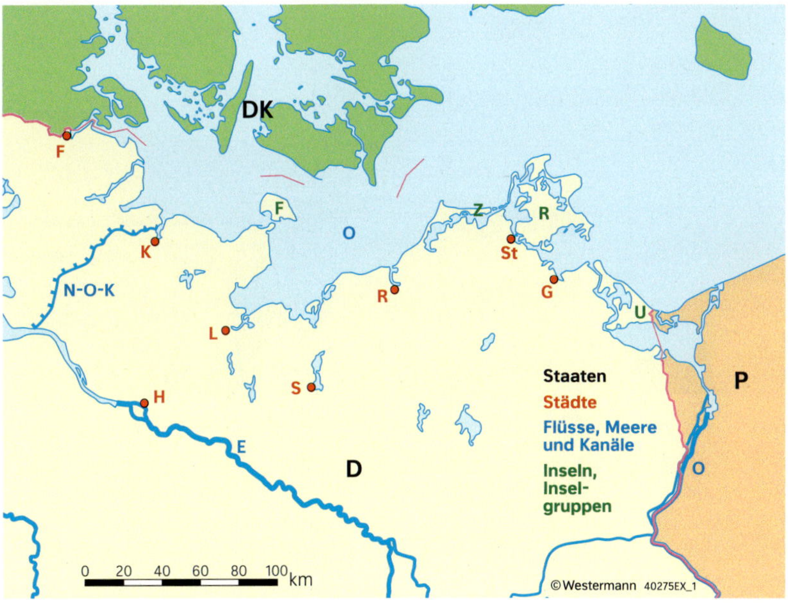

M3 Orientierung an der Ostsee

Die Ostsee

Im Norden Deutschlands gibt es neben der Nordsee ein zweites Meer, die Ostsee. Sie ist fast völlig vom Land umschlossen und daher ein sogenanntes Binnenmeer. Das Ostseewasser ist deshalb auch weniger salzig als das Nordseewasser, da es sich wenig mit anderem Meerwasser mischen kann.

Auch die Gezeiten machen sich hier kaum bemerkbar. So ist die Ostsee bei vielen Urlaubern auch deshalb beliebt, weil das Wasser immer da ist. Typisch für die Ostseeküste ist noch, dass es breite Sandstrände und auch hohe, steile Küstenabschnitte gibt.

① Hier kann man Ebbe und Flut deutlich erleben.

⑤ Das Wasser ist hier weniger salzig.

⑥ Hier suchst du das Wattenmeer vergeblich.

③ Dieses Gewässer ist ein Binnenmeer.

⑧ Vor meiner Küste liegt ein bekanntes Weltnaturerbe.

M4 Typisch Nordsee oder typisch Ostsee?

AUFGABEN

5 *Arbeite mit der Karte M3. Benenne die mit Buchstaben markierten*
- *a) Staaten und Städte,*
- *b) Flüsse, Meere, Kanäle sowie Inseln und Inselgruppen.*

6
- *a) Ordne die Fotos und Texte in M4 der Nordsee oder der Ostsee zu. Lege dazu eine Tabelle an.*
- *b) Recherchiere weitere Merkmale der Ostsee und ergänze sie in deiner Tabelle.*

Radurlaub im Mittelgebirge

M1 An der Weser in Hameln

M3 Unterwegs auf dem Weser-Radweg

Der Weser-Radweg

In den 1970er-Jahren entstand die Idee, die flachen Flussufer entlang der Weser als Radwege zu nutzen. Zu dieser Zeit war der Radurlaub in Deutschland noch sehr selten, wurde in den folgenden Jahren aber immer beliebter.

Heute gibt es etwa 40 000 Kilometer Radwege, auf denen 2019 über fünf Millionen Radler unterwegs waren. Den Weser-Radweg befahren pro Jahr über 50 000 Radtouristen, er zählt damit zu den beliebtesten Strecken in Deutschland. Insgesamt misst der Radweg von Hannoversch-Münden bis zur Nordsee 520 Kilometer.

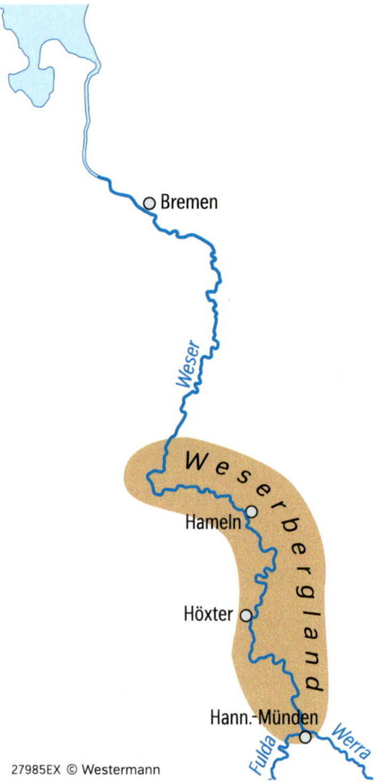

M2 Der Verlauf der Weser

Das Weserbergland

Das Weserbergland gehört zu den deutschen Mittelgebirgen. Es liegt also ungefähr in der Mitte von Deutschland. Durch die leicht bergige Landschaft fließt die Weser. Daher kommt auch der Name der Landschaft.

Das Weserbergland hat keine großen Städte und wenig Industrie. Das ist ideal für Urlauber, die an frischer Luft aktiv sein wollen und Erholung in der Natur suchen.

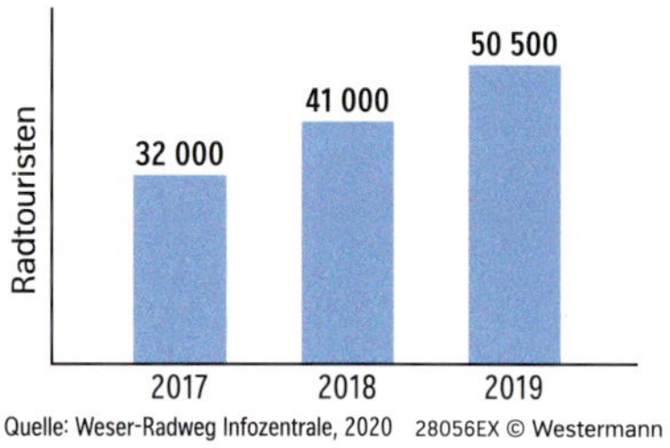

M4 Zählung der Radfahrer auf dem Weser-Radweg

AUFGABEN

1 *Fertige einen Steckbrief zum Weser-Radweg an (Text und M2).*
2 *Beschreibe die Lage des Weserberglandes in Deutschland (Atlas). Nenne auch Städte- und Flussnamen.*
3 *Werte das Diagramm M4 aus.*
4 *Erkläre die Bedeutung des Fahrradtourismus für die Region und die Städte.*
5 *Stelle Vermutungen an, wie sich der Radurlaub in Zukunft entwickeln könnte (E-Bikes, Kurzurlaube).*

M5 Am Weserufer

Die Vorbereitung

„Damit wir auf unserer Tour nichts Schönes verpassten und uns nicht verfuhren, hatten wir uns dreifach abgesichert. Ganz wichtig und nützlich war dabei die Radwege-App, die man sich kostenlos aufs Smartphone laden kann. Hier gibt es alle nötigen Radwegekarten und nützliche Infos, wie zum Beispiel Gaststätten, Fahrradläden oder interessante Ausflugsziele.
Zusätzlich hatten wir aber auch unser GPS-Gerät für die Satelliten-Navigation und eine Fahrradkarte für den Lenker dabei. So ausgestattet, ging es endlich los."

Unsere Radtour

„Bei unserem ersten Radurlaub wollten wir erst einmal nur einen Teil des Weser-Radweges befahren. Das waren die zwei Etappen von Bad Karlshafen bis nach Hameln. Diese etwa 100 Kilometer reichten für den Anfang. Auch wenn es fast immer an der Weser entlangging, so hatten wir doch auch einige kleine Steigungen zu meistern. Wir radelten schließlich im Bergland.
Außerdem wollten wir nicht nur fleißig strampeln, sondern Zeit für die vielen Sehenswürdigkeiten haben, an denen wir vorbeikamen. Und das war eine ganze Menge. Und nichts davon war uncool."

1. Etappe:
- Bad Karlshafen und der Skywalk
- die kleine Weser-Fähre und eine Burgruine
- das Schloss Fürstenberg
- Höxter mit Weser-Architektur und Badesee

2. Etappe:
- Wasserschloss Bevern
- Burg Everstein mit Aschenputtel
- Lügenbaron Münchhausen
- eine Sommer-Rodelbahn
- der Rattenfänger von Hameln

M6 Unsere Besichtigungs-Highlights

M7 Bei der Urlaubsplanung

Web-Code: WES-101540-085

Unterwegs auf dem Weser-Radweg

M1 Auf dem Skywalk bei Würgassen

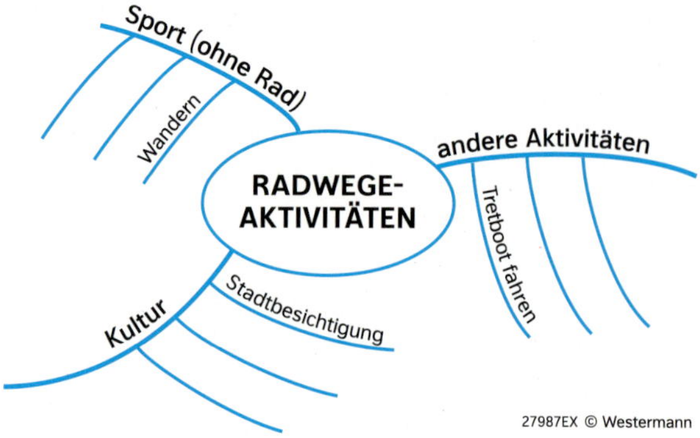

M3 Cluster: Aktivitäten auf dem Weser-Radweg

Erste Etappe – von Bad Karlshafen nach Höxter

„Los ging es für uns in der Nähe von Bad Karlshafen, denn wir wollten nicht die Aussicht vom Skywalk in die Tiefe des Wesertals verpassen.
Als Nächstes gelangten wir dann in die Stadt. Dort gibt es ein Schwimmbad direkt an der Weser, das uns zur Pause einlud.
Danach ging es vorbei am Schloss Fürstenberg bis zu unserem Tagesziel in Höxter. Ganz in der Nähe liegt das Schloss Corvey, das ein Welterbe ist, also weltberühmt sein muss. Am Abend waren wir noch an einem See. Dort konnten wir herrlich schwimmen, faulenzen und Tretboot fahren."

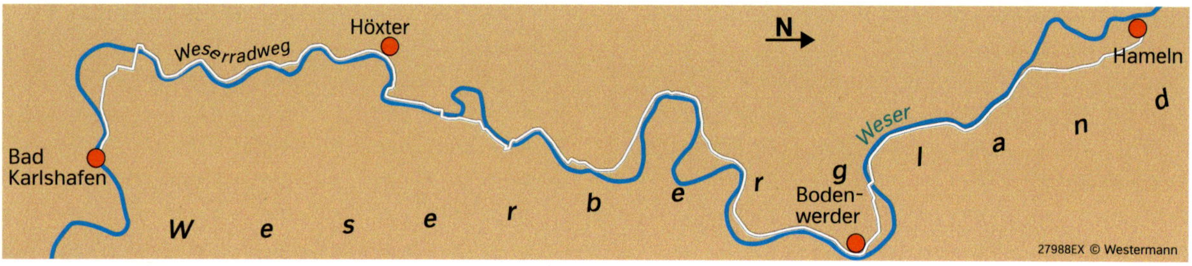

M2 Ein Teilstück des Weser-Radweges

Die Weiterfahrt von Höxter nach Bodenwerder

„Am zweiten Tag fuhren wir zwar länger mit dem Rad, hatten aber immer noch genügend Besichtigungszeit für die vielen Sehenswürdigkeiten am Wegesrand.
Zuerst besuchten wir das prachtvolle Schloss Bevern. Danach setzten wir mit der Fähre zur Burg Everstein über. Hier spielte damals das Märchen Aschenputtel."

AUFGABEN

1. *Beschreibe, was Richard auf seiner Radreise alles sieht und unternimmt.*
2. *Übertrage das Cluster (M3) in dein Heft und fülle es aus. Nutze dazu die Bilder und Texte auf dieser Doppelseite.*
3. *Berichte von einer eigenen Radtour (Orte, Sehenswürdigkeiten, Erlebnisse).*

Stopp in Bodenwerder

„Wir waren in dem Ort des berühmtesten Lügners aller Zeiten. Im Jahr 1720 wurde Freiherr von Münchhausen in Bodenwerder geboren und später weltberühmt. Sogar ein eigenes Denkmal und ein Museum haben sie ihm errichtet. Eine ganze Stadt lebt von seinem Ruhm und seinen Geschichten. Sein Ritt auf der Kanonenkugel oder sein Überleben im Bauch eines Wales sind echt spitze. Heute kann man von der Stadtführung bis zur Bettwäsche alles von dem Lügenbaron bekommen und die Touristen zeigen großes Interesse."

M5 Münchhausen-Denkmal mit halbem Pferd

M4 Rattenfänger-Denkmal in Hameln

Unser Ziel: Hameln

„Zum Abschluss unserer Radtour kamen wir in Hameln an. Hier soll sich im Mittelalter die berühmte Sage vom Rattenfänger von Hameln abgespielt haben. Die alten Fachwerkhäuser in der Stadt sind ein tolles Bühnenbild für die Geschichte. Wir buchten gleich eine Stadtführung auf den Spuren des historischen Rattenfängers, die bei den Besuchern sehr beliebt ist. Außerdem gibt es noch ein Theaterstück, ein Musical und ein Museum zu Ehren des Rattenfängers."

Richards Fazit

„Hier in Hameln endete meine Tour auf dem Weser-Radweg. Mir hat es großen Spaß gemacht, so viel Verschiedenes zu sehen und dabei immer so aktiv und an der frischen Luft zu sein. Mit dem Rad hatte ich auch genau das richtige Tempo. Man kommt gut voran, kann aber auch unterwegs vieles genauer sehen, als wenn man mit dem Auto oder dem Zug nur vorbeirast. Ich mache bestimmt wieder einmal eine solche Tour. Und ihr?
Grüße, euer Richard"

M6 Hameln an der Weser

AUFGABEN

4 *Verfasse einen kurzen Steckbrief über der Freiherrn von Münchhausen (Internet, Bücher).*

5 *a) Recherchiere zu einer Lügengeschichte von Münchhausen (Internet).*
b) Stelle diese Geschichte in der Klasse vor.

6 *Erläutere, wodurch Berühmtheiten wie Münchhausen ihren Städten Vorteile verschaffen.* ↗

M1 Klettern im Sommer

M3 Skifahren im Winter

Urlaubsregion Alpen

Urlaub in den Alpen

Jedes Jahr kommen über 100 Millionen Reisende in die Alpen. Sie verbringen hier ihren Urlaub (zum Vergleich: Deutschland hat 83 Millionen Einwohner). Damit ist die Alpenregion eines der weltweit beliebtesten Urlaubsgebiete. Da wird es an besonders gut besuchten Orten auch schon mal eng.

Einer dieser Touristenorte ist die Zugspitze. In der Sommersaison drängen sich hier jeden Tag bis zu 4000 Menschen, um die Fernsicht zu genießen. Die Zugspitze ist mit 2962 Metern der höchste Berg Deutschlands.

Das Hochgebirge – die Alpen

Von der Zugspitze hat man bei gutem Wetter eine großartige Aussicht. Beim Blick ins Tal fällt auf, dass sich die Berghänge immer etwas verändern. Je nach Höhe sieht man verschiedene Pflanzen und Baumarten auf ihnen wachsen. Man spricht deshalb von **Höhenstufen** in einem Gebirge.

Die Alpen sind mit mehreren Berggipfeln von über 4000 Metern das einzige Hochgebirge in Europa. Der höchste Berg ist mit 4810 Metern der Mont Blanc, der in Frankreich liegt. Insgesamt haben acht Länder einen Anteil an diesem Gebirge.

M2 Touristen auf der Zugspitze

AUFGABEN

1 *Notiere Aktivitäten, die man in den Alpen machen kann. Unterscheide dabei nach Aktionen im Sommer und im Winter (M1, M3).*

2 *Lege eine Tabelle an. Notiere darin die Alpenländer, ihre Hauptstadt und den höchsten Berg (Atlas).*

3 *Beschreibe mögliche Nachteile, wenn sehr viele Menschen einen Ort wie die Zugspitze besuchen (M2).*

Vom Tal zum Gipfel – die Höhenstufen

M4 Die Höhenstufen der Alpen

AUFGABEN

4 ✎ *Beschreibe die Veränderungen, die man mit zunehmender Höhe am Berg erkennen kann (M4).*

5 ✎ *Ordne die Textbausteine ①–⑤ den richtigen Buchstaben Ⓐ–Ⓔ zu (M4).*

6 *Skizziere die verschiedenen Höhenstufen (M4).*
Verwende folgende Begriffe: Tal – Fels und Eis – Laubwald – Matten – Mischwald – Nadelwald – Baumgrenze – Schneegrenze.

7 *Stelle Vermutungen an, wie der Mensch die einzelnen Stufen nutzen könnte (M1 – M4).*

Die Nutzung der Höhenstufen

M1 Menschen nutzen die Höhenstufen.

AUFGABEN

1 *Überprüfe mithilfe des Bildes M1 deine Vermutungen (siehe Seite 89, Aufgabe 7).*
2 *Beschreibe das Bild M1 mit den verschiedenen Nutzungen durch den Menschen.*
3 *Ergänze deine Zeichnung von Seite 89 (siehe Aufgabe 6) mit den Nutzungen durch den Menschen.*
4 *Stelle Vermutungen an, warum die Alpen für die Menschen so interessant sind.*

Die Nutzung der Alpen durch den Menschen ist häufig problematisch, wie diese kurze Aufstellung zeigt.

Planierung von Skipisten

Um die Skipisten für den nächsten Tag wieder herzurichten, pressen tonnenschwere Pistenraupen den aufgelockerten Schnee wieder dicht zusammen. Er wird dann so betonhart, dass das Regenwasser nicht mehr in den Boden eindringen kann und an der Oberfläche abfließt. Unter dem dichten Schneepanzer ohne Wasserzufuhr können kaum Pflanzen überleben.

Abholzung von Bergwäldern

Dort, wo in den schmalen Tälern und an den Berghängen zum Beispiel neue Skipisten oder Hotels gebaut werden, muss oft die Natur weichen. Wird dann ein Bergwald abgeholzt, wird der Boden nicht mehr durch die Wurzeln gehalten.

Bei starkem Regen wird er dann hangabwärts gespült. Muren und Bergstürze sind die Folgen und bedrohen das Leben im Tal.

Einsatz von Schneekanonen

Um in den Zeiten der Erderwärmung ausreichend Schnee zu haben, setzen immer mehr Skigebiete Schneekanonen ein. Diese Maschinen haben bei der Schneeerzeugung einen hohen Wasserverbrauch. Außerdem bleibt der Schnee länger auf dem Boden liegen und macht damit die Vegetationszeit für die Pflanzen zu kurz. Oft bleiben die Hänge so auch im Sommer kahl.

Das ganze Jahr Saison

Zu jeder Jahreszeit sind viele Wanderer und Mountainbiker abseits der markierten Wege unterwegs. Dabei zerstören sie immer weiter die empfindliche Pflanzendecke. Das ist besonders dramatisch, da die Pflanzen in großen Höhen langsamer wachsen als im Tiefland.

Zudem stören die Menschen mit ihren Aktivitäten oft auch die Tierwelt in deren Rückzugsgebieten.

M2 Nutzung und Gefährdung der Alpen

AUFGABEN

5 *Beschreibe die Bilder auf dieser Seite (M2).*

6 *Erkläre, warum der Skitourismus eine Belastung für die Natur in den Alpen ist.*

7 *Stelle Überlegungen an, wie Tourismus und Naturschutz zu vereinen sind.*

8 *Erörtere, wie sich die Alpen in der Zukunft verändern werden.*

Wandel in den Alpen

Sepp Wenger erzählt:
„Ich lebe schon immer in den Bergen. Als ich ein kleiner Junge war, bewirtschafteten meine Eltern unseren Bergbauernhof. Da hier oben kein Ackerbau möglich ist, hielten wir nur Kühe und Ziegen auf unseren Weiden. Die Butter und den Käse stellten wir für den Verkauf und Tausch her. Im Frühling verbrachte ich viel Zeit als Almhirte mit unseren Tieren hoch oben auf den Weiden. Die Wochen auf der Alm waren manchmal einsam und nicht immer einfach. Ich musste unser Vieh vor wilden Tieren schützen und aufpassen, dass alle zusammenblieben. Das Wasser für mich und die Tiere musste ich aus einem kalten Bergbach holen. Zwar gab es auf der Alm immer viel zu tun, doch erinnere ich mich gerne an die Zeit zurück.
Leider gab es hier in den Bergen nie genug Arbeit für alle. Viele junge Menschen verließen die Dörfer und zogen in die Städte. Obwohl heute durch den Tourismus in den Alpen vieles hektischer geworden ist, ist er doch eine große Chance für die jungen Menschen."

M1 Bergbauer Sepp Wenger

M2 Sölden in Österreich 1910

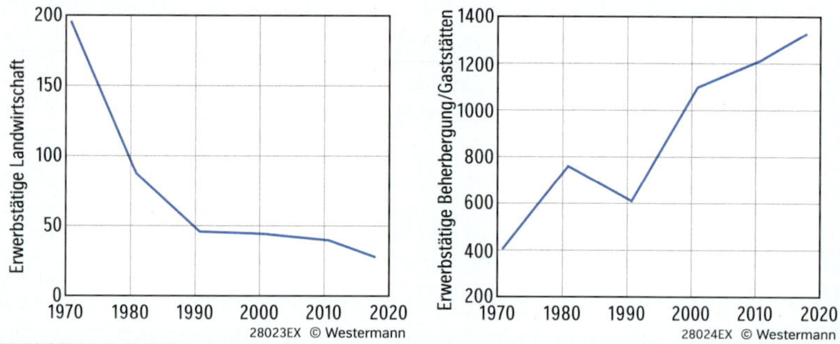

M3 Entwicklungen in Sölden

M4 Sölden heute (Ausschnitt)

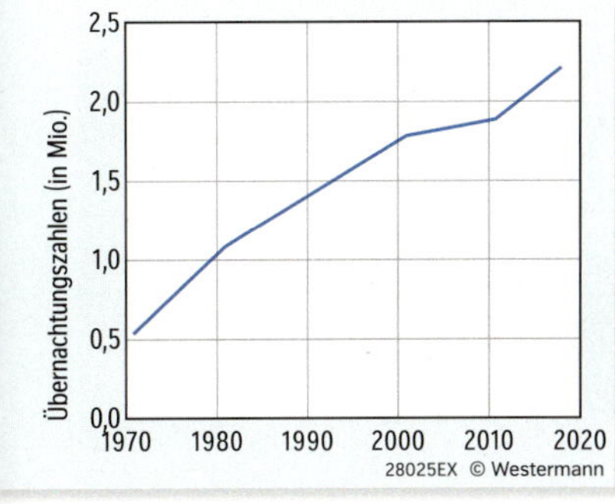

M5 Almhütte

Der Tourismus bringt Vor- und Nachteile

Heute ist der Tourismus die wichtigste Einnahmequelle der Menschen in den Alpen.

Da diese Urlaubsregion im Winter und im Sommer viel zu bieten hat, kommen die Gäste das ganze Jahr. Seit den Anfängen der touristischen Nutzung wurden viele Arbeitsplätze in Hotels, Gaststätten, der Verwaltung und dem Baugewerbe geschaffen. Um die Erreichbarkeit vieler Orte zu verbessern, wurde die **Infrastruktur** ausgebaut, also Straßen, Tunnel und Pässe errichtet.

Durch die neu entstandenen Arbeitsplätze müssen die Menschen ihre Heimat nicht mehr verlassen und finden in verschiedenen Berufen ein Einkommen.

Der **Massentourismus** in den Alpen bringt jedoch auch zahlreiche Probleme mit sich. Viele Einwohner empfinden den Lärm und den zunehmenden Verkehr als Belastung. Zudem sind viele der neuen Arbeitsplätze nur zeitlich begrenzt und werden manchmal schlecht bezahlt.

Auch die Natur leidet unter der Nutzung durch den Menschen.

AUFGABEN

1 *a) Vergleiche M2 und M4. Notiere in einer Tabelle die Veränderungen.*

b) Ergänze deine Tabelle aus Aufgabe 1a mithilfe der beiden Texte.

c) Markiere in der Tabelle positive Veränderungen mit grüner, negative mit roter Farbe. Begründe.

2 *Beschreibe die Veränderungen in den Alpen anhand der Diagramme (M3).* ↗

M1 Massentourismus in Spaßdorf

Sanfter Tourismus – eine Chance für die Alpen?

Kommt nach Spaßdorf!

Wenn ihr Spaß wollt, seid ihr bei uns genau richtig. Ski- und Snowboardfahren den ganzen Tag von November bis Ende April – kein Problem. Im All-inclusive-Paket ist der Skipass mit drin. Mit dem Skibus werdet ihr direkt zur Talstation gefahren, von der aus ihr unser riesiges Skigebiet gemütlich in bequemen Gondeln erobern könnt.
Unsere Schneekanonen und die gut präparierten Skipisten sorgen für ein besonders langes Wintervergnügen, auch wenn in anderen Orten schon lange kein Schnee mehr liegt. Auch abseits der Pisten ist bei uns immer viel los.

M2 Werbung für einen Urlaub in Spaßdorf

Kommt nach Ruhdorf!

Wenn ihr die atemberaubende Natur genießen wollt, kommt zu uns nach Ruhdorf. Schaltet einmal ab und entspannt euch bei guter Bergluft. Unser Dorf ist autofrei. Leiht euch E-Bikes aus und erkundet die Umgebung. Wandertouren sind im Sommer wie im Winter möglich.
Wir verwöhnen euch mit regionalen Produkten von unseren Landwirten vor Ort. Lernt dabei unsere einzigartige Kultur kennen. Wie wäre es mit einem Urlaub auf dem Bauernhof? Dort könnt ihr selbst einmal eine Kuh melken und sehen, wie aus der Milch Butter und Käse hergestellt werden.

M3 Werbung für einen Urlaub in Ruhdorf

M4 Sanfter Tourismus in Ruhdorf

Merkmale des Massentourismus	**Merkmale des sanften Tourismus**
• günstige Angebote für sehr viele Menschen • hoher Flächenverbrauch für große Hotels, Skipisten, Parkplätze • Ausweitung der Skigebiete (auch im Sommer) und Ausbau des Liftnetzes • Ausbau der Straßen zur motorisierten Anreise • Erweiterung des Angebots durch Großveranstaltungen, Fun-Parks, Erlebnisbäder etc. • ...	• Die Natur soll geschützt und dadurch das Genießen der Natur gefördert werden. • Durchführung von Maßnahmen zum Naturschutz (z. B. Ruhezonen ohne Tourismus) • landschaftsschonende Gestaltung von Skipisten und Wanderwegen, Vermeidung von Müll • Begrenzung der Hotelbetten • An- und Abreise mit öffentlichen Verkehrsmitteln • ...

M5 Ausgewählte Merkmale verschiedener Formen des Alpentourismus

Eine Vermutung ist so etwas wie ein Tipp oder eine Idee, die man zu einem Thema äußert. Man vermutet etwas, weiß aber nicht genau, ob dies richtig ist und zum Thema passt.
Beispielthema: Wie wirken sich der Massentourismus und der sanfte Tourismus jeweils auf die Umwelt aus?

Ich vermute, der Massentourismus ...

Wahrscheinlich ...

Vielleicht könnte man...

M6 Vermutungen formulieren

AUFGABEN

1 *a) Vergleiche die Bilder M1 und M4.*
b) Notiere Gemeinsamkeiten und Unterschiede.

2 *Ergänze die Auflistung (M5) um weitere Merkmale des Massentourismus und des sanften Tourismus. Notiere in deinem Heft. Nutze dafür alle Materialien dieser Doppelseite.*

3 *Stelle Vermutungen auf (M6), welche Auswirkungen die beiden Tourismusformen auf die Natur und die Menschen, die in den Alpen leben, haben.*

Städtereisen in Europa

M 1 Beliebte Ziele für Städtereisen

M 2 Hamburger Hafencity

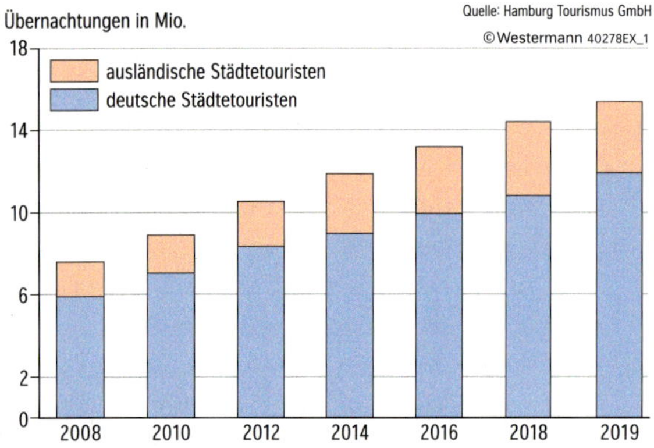

M 3 Übernachtungen in Hamburg

Urlaub im Kleinen – eine Städtereise

Eine Stadt zu besuchen und dort die zahlreichen Sehenswürdigkeiten zu bewundern, wird immer beliebter. In Deutschland ziehen vor allem Berlin, München und Hamburg jedes Jahr Millionen inländische und ausländische Besucher an (M3).
Eine Städtereise hat etwas von einem Urlaub im Kleinen: Es gibt in kurzer Zeit viel zu sehen und zu erleben.
Die Städte sind gut erreichbar. Zur Anreise kann man das eigene Auto, die Bahn oder das Flugzeug benutzen. Vor Ort sind die Touristenziele wie zum Beispiel die Altstadt und die großen Einkaufsstraßen mit der Straßenbahn, der U-Bahn oder zu Fuß zu erreichen. Je nach Interesse kann man die typischen Sehenswürdigkeiten und Museen besichtigen, einen Einkaufsbummel durch die Innenstadt machen oder eine Pause in einem Café oder Restaurant einlegen. Abends besuchen viele Touristen dann ein Konzert, ein Musical oder eine Sportveranstaltung.
Die Stadttouristen versuchen, in kurzer Zeit möglichst viel zu sehen und zu erleben.

Städtetourismus am Beispiel Hamburg

Auch Volksfeste wie eine große Stadtkirmes, die Weihnachtsmärkte oder andere Veranstaltungen locken Besucher in die Städte. Sie bringen den Städten Einnahmen und sichern dort zahlreiche Arbeitsplätze. Allein im Jahr 2019 bereisten 7,3 Millionen Touristen die Hafenstadt Hamburg und gaben dort ihr Geld aus. Speziell in Hamburg gehören auch immer mehr Reisende von Kreuzfahrtschiffen zu den Städtegästen.
Die wachsenden Besucherströme führen aber auch zu Problemen. Die Stadt Hamburg überlegt, wie der Tourismus nachhaltig, das heißt umweltschonend und mit langfristigem Erfolg, gesteuert werden kann. Besucher können zum Beispiel günstig Fahrräder leihen oder Tipps für nachhaltige Restaurants und Unterkünfte bekommen.

AUFGABEN

1 *Notiere, was typisch für eine Städtereise ist.*
2 *Erkläre, warum Städtereisen so beliebt sind.*
3 *Erläutere die Entwicklung der Übernachtungen in Hamburg (M3).*

Amsterdamer kämpfen um ihre Stadt

In den Niederlanden ist Amsterdam die beliebteste Stadt bei den Touristen. Im Jahr 2019 gab es rund 20 Millionen Übernachtungen, während die Stadt nur 870 000 Einwohner hat.
Seit einiger Zeit gibt es hier und in allen anderen beliebten Städten immer mehr Proteste gegen die großen Besucherströme. So klagen viele Einheimische über die vollen und dreckigen Straßen, die Müllberge und lauten Partytouristen. Außerdem steigen die Mieten für die Einwohner immer mehr an, da das Angebot an Mietwohnungen in den Städten immer kleiner wird.
Viele Hausbesitzer vermieten lieber kurzfristig an die Touristen, da mit ihnen viel mehr zu verdienen ist. Daher wird gefordert, das Vermieten von Wohnungen an Touristen zu verbieten und keine neuen Hotels zu bauen. So soll die Besucherzahl auf zwölf Millionen Gäste pro Jahr beschränkt werden.
Kein Amsterdamer ist komplett gegen den Städtetourismus, der der Stadt natürlich auch Geld bringt und Arbeitsplätze sichert. Aber die Einheimischen wollen etwas mehr Platz und Ruhe in ihrer Stadt haben.

M4 Stadthäuser in Amsterdam

M5 Volle Straße in Amsterdam

Welcome to london

London is the capital of England. It is a big town with nearby nine million Inhabitants and al lot of beautiful places. Here is for exampel the famous Tower Bridge crossing the river Thames (M6).
Than you can visit London's famous castle, the tower. Listen to the horrible stories from the past and look at the Crown Jewels.
At Buckingham Palace lives the Queen, when she is in London. Here you can watch the Royal Guard (M7).
Britain's most famous clocktower is part of the English Parliament, the Palace of Westminster. The clock is the largest in Britain and includes the famous bell "Big Ben".

M6 Tower Bridge

M7 Royal Guards Parade

AUFGABEN

4 *Stelle in einer Tabelle die Vor- und Nachteile des Städtetourismus in Amsterdam gegenüber.*
5 *Nimm kritisch Stellung zu der Entwicklung des Städtetourismus.* ↗
6 *Exercise: What do you know about London?*
7 *Recherchiere zu einer Sehenswürdigkeit von London und stelle diese kurz vor (Internet).*

Reiseziele der Deutschen

Die Deutschen reisen gern

Mehr als jeder zweite Deutsche macht sich mindestens einmal im Jahr auf den Weg und fährt in den Urlaub.

Besonders gerne verbringen wir im eigenen Land unseren Urlaub. Etwa ein Drittel aller Reisen machen die Deutschen im eigenen Land.

Aber auch das Ausland lockt deutsche Touristen an (M1). Für ihren „großen“ Jahresurlaub geben die deutschen Urlauber durchschnittlich 1400 Euro pro Person aus. Der Tourismus ist daher ein wichtiger Wirtschaftsbereich, in dem Milliarden Euro erwirtschaftet werden und Millionen Menschen Arbeit finden. Allein die Insel Mallorca erzielte 2019 durch den Tourismus Einnahmen von rund 12 Milliarden Euro.

M2 Deutsche Touristen auf Mallorca

M1 Reiseziele deutscher Touristen im Mittelmeerraum

Die Urlaubsregion Mittelmeer

Oft wird das Mittelmeer als „Badewanne Europas“ bezeichnet. Jeden Sommer zieht es Millionen Urlauber an die zahlreichen Strände dieser Region. Teilweise kommen die Urlauber aus den Mittelmeerländern selbst, teilweise reisen sie aber auch aus ganz Europa an.

Das angenehm warme und trockene Mittelmeerklima, die schöne Natur und die ganz unterschiedlichen Kulturen ließen den Mittelmeerraum schon vor mehr als 100 Jahren zu einem beliebten Reiseziel werden. Zunächst reisten nur die Reichen, bis vor etwa 60 Jahren der Massentourismus aufkam und das Reisen für viele bezahlbar und attraktiv wurde.

AUFGABEN

1 *Nenne die fünf beliebtesten Reiseziele der Deutschen am Mittelmeer (M1).*

2 *Erläutere, warum gerade das Mittelmeer ein beliebtes Urlaubsziel ist.*

3 *Stelle Vermutungen an, warum viele Deutsche gern Urlaub im eigenen Land machen.*

4 *Wähle aus:*

Ⓐ *Beschreibe eine deiner Urlaubsreisen.*

Ⓑ *Erläutere, wohin du gerne reisen würdest.*

S: geographische Sachverhalte topographisch einordnen

Warum ist Mallorca so beliebt?

Mallorca wird scherzhaft als das 17. Bundesland Deutschlands bezeichnet. Die spanische Insel im Mittelmeer ist bei den Deutschen sehr beliebt. Jedes Jahr reisen bis zu über vier Millionen Deutsche auf die Insel, um hier die Schönheit der Landschaft zu genießen oder auch in den Urlaubshochburgen wie Palma Party zu machen. Denn diese Insel bietet beides: die Ruhe und unberührte Natur in kleinen Buchten und eine Disco neben der anderen in der berühmt-berüchtigten Schinkenstraße.
Viele Urlauber kommen vor allem wegen des guten Wetters nach Mallorca.

(A) Viele Urlauber genießen wie wir die Stille, die die Insel bietet. Beim Wandern im Gebirge begegnet man Schafen, Ziegen und sogar Eseln. Wir wohnen in einer Finca und bekommen so viel vom Leben der Einheimischen mit.

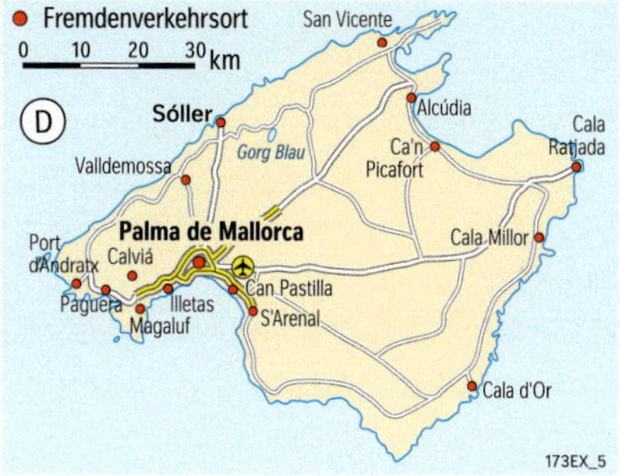

(C) Wir fliegen immer wieder gerne mit der ganzen Familie nach Mallorca, weil der Flug nur zwei Stunden dauert und wir dort günstig Urlaub machen können. Mit dem Bus werden wir vom Flughafen ins Hotel gebracht. Den Strand können wir zu Fuß erreichen.

M3 Freizeitmöglichkeiten auf Mallorca

Palma de Mallorca (Spanien)	J	F	M	A	M	J	J	A	S	O	N	D
Lufttemperatur (in °C)	10	11	12	15	17	21	24	25	23	18	14	12
Niederschlag (in mm)	39	34	36	28	27	20	4	23	56	77	56	51
Wassertemperatur (in °C)	14	14	14	15	17	21	24	25	24	21	18	15
Sonnenstunden pro Tag	5	6	6	8	10	10	11	11	8	6	5	8

List/Sylt (Deutschland)	J	F	M	A	M	J	J	A	S	O	N	D
Lufttemperatur (in °C)	3	3	5	8	12	15	17	18	15	11	7	4
Niederschlag (in mm)	48	35	31	34	40	42	65	88	79	76	60	53
Wassertemperatur (in °C)	7	6	6	7	9	12	14	15	13	12	10	8
Sonnenstunden pro Tag	2	3	4	6	8	8	8	7	5	4	2	1

M4 Temperaturen, Niederschläge und Sonnenstunden von Mallorca und Sylt im Vergleich (monatliche Durchschnittswerte)

AUFGABEN

5 *Beschreibe die Lage Mallorcas. Nenne dabei auch die weiteren Inseln der Balearen (M1, Atlas).*

6 *Liste auf, was Mallorca so attraktiv macht (M3).*

7 *a) Vergleiche die Werte von Mallorca und Sylt (M4).*

b) Stelle Vermutungen an, warum viele Deutsche ihren Urlaub lieber auf Mallorca als auf Sylt verbringen.

M1 Strand und Promenade von S'Arenal

Der Tourismus auf Mallorca

Vor 50 Jahren sah es auf Mallorca noch ganz anders aus als heute. Die Insel hatte wenige Städte, dafür aber viele kleine Dörfer. Die Menschen lebten hauptsächlich von der Landwirtschaft oder der Fischerei. Mit dem Bau des Flughafens 1956 begann der Tourismus auf Mallorca. Es wurden immer mehr Hotels und Restaurants gebaut. In ehemaligen Fischerdörfern entstanden zahlreiche Hotels, und vieles, was die Urlauber gern vorfinden, zum Beispiel Tennisplätze und Einkaufsstraßen.
Heute bringen Billigflieger jedes Jahr Millionen Urlauber auf die Insel.

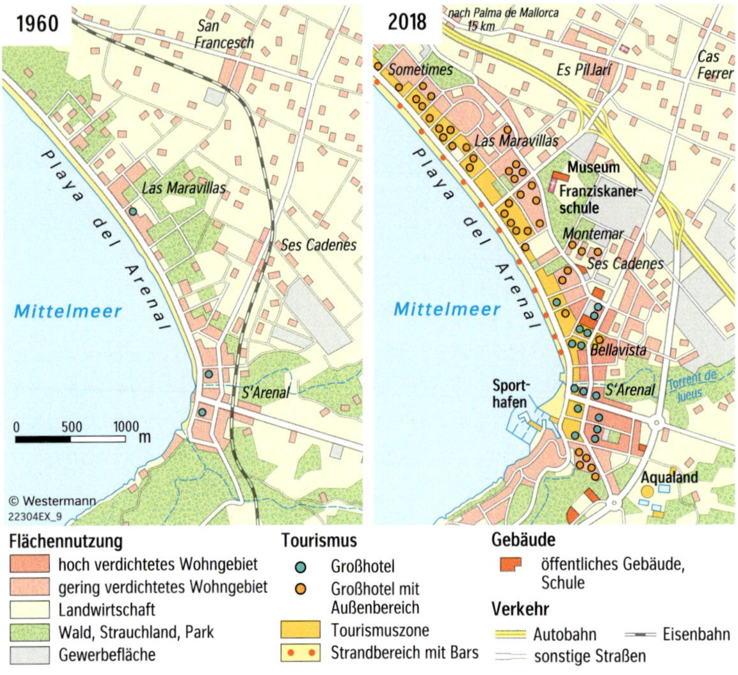

M2 S'Arenal 1960 und 2018 im Vergleich

Auswirkungen des Tourismus

Durch den Tourismus entstanden viele neue Arbeitsplätze, etwa in den Hotels, Restaurants und Geschäften, ebenso im Baugewerbe, bei der Müllabfuhr oder der Verwaltung.
Gleichzeitig sorgt der zunehmende Touristenstrom für immer größere Probleme. In den regenarmen Sommermonaten, der Hauptreisezeit, steigt der Wasserbedarf stark an. Es sind zu dieser Zeit sehr viele Menschen auf der Insel, die duschen oder im Pool schwimmen und so Wasser verbrauchen. Daher muss man regelmäßig Trinkwasser per Schiff anliefern, um den Bedarf zu decken. Auch die Müllmengen und der Lärm in den Straßen und vor den Clubs und Discos bereiten Probleme.

M3 Eine naturbelassene Bucht auf Mallorca

Das Konzept des sanften Tourismus

Auf Mallorca gibt es auch Orte wie auf dem oberen Foto (M3). Diese Gegend hat ihre Natürlichkeit und das ursprüngliche Aussehen bewahrt. In dem Dorf am Fuße der Berge wurden keine großen Hotels oder Bars für die Touristen eröffnet. All die touristischen Angebote vom Shoppen bis zum Feiern sucht man vergeblich.

Gerade deshalb zieht es einige Urlauber genau hierhin, da sie die Ruhe und Ursprünglichkeit der Inselbucht genießen möchten. Für sie ist es wichtig, Land und Leute sowie die Natur kennenzulernen. Sportbegeisterte Menschen können zum Beispiel wandern, klettern oder mit dem Mountainbike fahren. Um dabei die Natur zu schonen, sollen sie auf den Wegen bleiben und keinen Müll liegen lassen. Kulturinteressierte können sich alte Handwerkskunst, Kirchen und Sehenswürdigkeiten erklären lassen. Ohne die Hektik des Massentourismus gewinnt der Urlauber hier Einblicke in die spanische Kultur und Lebensweise.

Wer auf diese Art und Weise seinen Urlaub gestaltet, der verfolgt das Konzept des **sanften Tourismus**.

AUFGABEN

1. *Erkläre, warum man auf Mallorca von Massentourismus sprechen kann.*
2. *Stelle die Vor- und Nachteile des Massentourismus auf Mallorca in einer Tabelle gegenüber.*
3. *Beschreibe die Veränderungen in S`Arenal (M2).*
4. *Beurteile, ob der Massentourismus ein Fluch oder Segen ist.* ↗
5. *Beschreibe das Konzept des sanften Tourismus mit eigenen Worten.*
6. *Nimm Stellung zum Konzept des sanften Tourismus. Welche Vorteile, welche Nachteile siehst du?*

Umweltverträglich sein:
- Erhalt der naturnahen Landschaft, Schutz von Pflanzen und Tieren
- Vermeidung von Umweltverschmutzung
- Vermeidung langer Transportwege
- Nutzung umweltschonender Verkehrsmittel

Sozialverträglich sein:
- Kultur und Lebensweise der Einheimischen werden geachtet
- gegenseitiges Verständnis zwischen Einheimischen und Urlaubern
- Zusammenarbeit der Reiseveranstalter mit den Einheimischen

M4 Ziele des sanften Tourismus

METHODE

Wir führen ein Rollenspiel durch

„Mallorca hat was Schöneres verdient als die vielen Hotelburgen und lauten Touristen am Strand von S´Arenal. Wir leben auf einer fantastischen Insel mit so viel Natur und Kultur. Es gibt genug Touristen, die das zu schätzen wissen und dann auch bereit sind, etwas mehr dafür zu bezahlen. Die lieben doch unsere hübschen Finca-Landhäuser, die jeden Euro extra wert sind."

M1 Marta, Einheimische und Politikerin

„Ich arbeite schon seit 30 Jahren als Obst- und Gemüsebauer. Durch die große Nachfrage der Hotels und Restaurants konnte ich immer was verkaufen. In den letzten Jahren ist meine Arbeit jedoch schwieriger geworden, da unser Wasser immer knapper und daher teurer wird. Beim Wasser konkurrieren wir mit den Hotels, die es für ihre Pools und Gartenanlagen verbrauchen. Die sehr trockenen Sommer machen das wenige Wasser noch kostbarer. Ich kann aber nicht ständig meine Preise erhöhen, da die Hotels dann billiges Obst aus dem Ausland kaufen."

M2 Carlo, Landwirt

„Der Urlaub mit günstigen Flügen und billigen Hotels ist klasse! Mit meiner Clique komme ich immer wieder gerne nach S´Arenal, um so richtig Party zu machen. Das ist hier besser als bei uns im Karneval.

Die Fincas in den Bergen sind schön, aber für uns viel zu teuer und zu weit außerhalb. Wir wollen die kurzen Wege vom Hotel zur Disco und zum Strand."

M4 Ralf, Auszubildender aus Deutschland

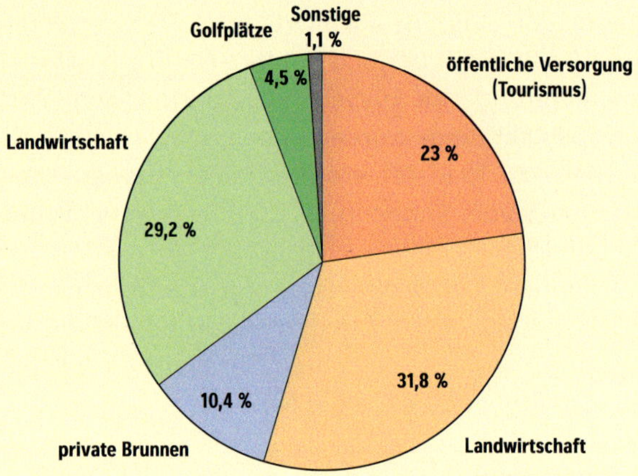

Quelle: Plan Hidrólogico Illes Balears 2020 ©Westermann 38329EX_1

M5 Wasserverbrauch auf Mallorca

„Wir brauchen einen sanften Tourismus auf Mallorca. Es gibt zu viele große Hotels, die Küsten sind schon zugebaut. So verschandeln wir unsere schönsten Strände mit Billighotels für Feiertouristen. Die sind doch nur kurz hier und gleich wieder weg. Denen ist es doch egal, woher das Wasser für den Pool kommt. Wir kaufen Wasser auf dem Festland, fahren es zu uns und beregnen damit einen Golfplatz. Verrückt. Und auf der Rückfahrt nimmt das Schiff Tonnen von Müll mit, den wir von den Touristenstränden sammeln.

Ich finde, Mallorca braucht weniger Touristen und sogar Gebiete ganz ohne Tourismus."

M3 Sofia, Umweltschützerin

„Mallorca nur für wenige Touristen? Eine Katastrophe! Tausende Einheimische wären arbeitslos, viele würden ihr Geschäft verlieren oder viel weniger verdienen. Die Insel würde viel weniger Steuern einnehmen. Wir müssen aber Steuern haben, um von der Müllabfuhr bis zum Krankenhaus alles bezahlen zu können. Wo soll das Geld ohne die Touristen herkommen? Gerade in den letzten Jahren kamen immer mehr Urlauber auf unsere schöne Insel und gaben hier ihr Geld aus.
Sicher gab es auch einige Probleme, gerade mit den jungen Partytouristen. Aber wir haben Maßnahmen ergriffen, um die Situation zu verbessern. Das Alkoholverbot am Strand und die Ökosteuer wirken doch. Wir müssen Kompromisse finden. Mallorca ist schön und sollte für Urlauber aller Art interessant bleiben. Und die sollten sich an die Regeln halten."

M6 Herr Rodriguez, Politiker

In einem Rollenspiel kann man spielerisch strittige Themen diskutieren und eine Lösung suchen. Dabei übernehmen Schülerinnen und Schüler die Rollen von Personen, die etwas zu dem Thema sagen können.

Ein Rollenspiel durchführen

1. Rollen festlegen und vorbereiten
- Bestimmt eine Diskussionsleiterin oder einen Diskussionsleiter.
- Ordnet euch einer Rolle (zum Beispiel Umweltschützer oder Politikerin) zu. Diese Rolle werdet ihr allein oder in einer Gruppe im Rollenspiel vertreten.
- Jede Gruppe notiert gemeinsam Argumente, die ihre Rolle in der Diskussion vortragen will.
- Findet auch Antworten auf mögliche Gegenargumente der anderen Teilnehmer.
- Bestimmt eine Person aus der Gruppe, die an der Diskussion teilnimmt. Die anderen unterstützen diese Person bei Bedarf.

2. Das Rollenspiel durchführen
- Stellt die Tische oder Stühle so auf, dass die Diskussionsteilnehmer miteinander reden können.
- Die Diskussionsleitung stellt zuerst den Konflikt und die Diskussionsteilnehmer vor. Danach leitet sie die Diskussion, indem sie zum Beispiel auf die Gesprächsregeln achtet.
- Die einzelnen Rollenspieler tragen ihre Argumente vor. Daraus ergibt sich eine Diskussion.
- Die Diskussionsleitung beendet die Diskussion und fasst die Ergebnisse zusammen.

3. Das Rollenspiel auswerten
- Die Rollenspieler und die Beobachter (alle aus der Klasse, die keine Rolle hatten) bewerten den Diskussionsverlauf.
- Folgende Fragen helfen dabei: Wurden die Gesprächsregeln eingehalten? Welche Rolle hat überzeugt? Welche weniger? Woran lag das? Überzeugt die gefundene Lösung?

AUFGABEN

1 *Führt in der Klasse ein Rollenspiel durch. Die Streitfrage lautet: „Welchen Tourismus braucht Mallorca in Zukunft?" Nutzt für eure Position die Aussagen und die Materialien auf dieser Doppelseite.*

M1 Kreuzfahrtschiff vor Valetta, der Hauptstadt des Inselstaats Malta

Eine Kreuzfahrt – Spaß für alle?

M2 Familie auf Kreuzfahrt

„Endlich ist es so weit – es sind Ferien!“ Stina und Thorben fliegen mit ihren Eltern in den Urlaub. Sie haben eine fünfzehntägige Kreuzfahrt ins östliche Mittelmeer gebucht. Die Erwartungen an die Reise sind hoch. Thorben möchte das große Schiff für mehr als 2000 Passagiere mit seinen vielen Decks erkunden. Stina freut sich besonders auf die superlange Rutsche und den riesigen Pool auf dem Oberdeck. Ihre Eltern sind gespannt auf die Landausflüge und möchten sich in den Restaurants des Schiffes mit gutem Essen verwöhnen lassen.
Am vierten Tag ihrer Reise erreicht die Familie die Stadt Venedig. Voller Vorfreude verlassen sie gegen 10:00 Uhr das Schiff und wollen sich gleich auf den Weg zum berühmten Markusplatz machen. Doch plötzlich sehen sie eine aufgebrachte Menschenmenge. Ein anderer Urlauber, der mit ihnen in die Stadt gehen will, kann Italienisch sprechen. Er erklärt ihnen, dass die Menschen gegen die vielen Kreuzfahrtschiffe demonstrieren, die beinahe täglich hier ankommen (M9). Damit hat die Familie nicht gerechnet.

M3 Die Route des Schiffes

M4 Blick auf das Oberdeck

M5 Kreuzfahrtschiff in Venedig

M9 Proteste gegen Kreuzfahrtschiffe in Venedig

„Viele Kreuzfahrtschiffe sind riesige Dreckschleudern. Sie verbrennen in ihren Motoren Schweröl. Dieser Treibstoff ist besonders umweltschädlich, weil er sehr viele Schadstoffe enthält.
Die Schiffe liegen im Hafen und lassen ihre Motoren laufen, weil sie damit den Strom für das Schiff erzeugen. Die tägliche Menge des CO_2-Ausstoßes entspricht dem von beinahe 84 000 Autos.
Die Schiffe könnten den Strom auch vom Land bekommen, während sie im Hafen liegen. Doch das machen nur sehr wenige, denn der Strom ist ihnen zu teuer oder sie haben noch keinen Anschluss dafür.“

M6 Eine Umweltschützerin berichtet

„Jeden Tag das Gleiche: Am Morgen ist noch alles ruhig. Aber wenn die Touristen am Vormittag von den Kreuzfahrtschiffen kommen, strömen bis zu 15 000 Menschen in unsere Stadt. Auf den schmalen Gassen und den Plätzen ist kaum ein Durchkommen. Jedes Jahr bringen knapp 500 Schiffe 1,4 Millionen Menschen zu uns. Venedig ist doch kein Disneyland. Und dann noch die Abgase. Uns stinkt es gewaltig.
Und viel Geld verdienen wir mit den Fahrgästen auch nicht, weil die ja schon auf dem Schiff gegessen haben und höchstens ein kleines Souvenir kaufen.“

M8 Eine Einwohnerin Venedigs klagt

„Die Menschen mögen Kreuzfahrten und wir bieten ihnen ein tolles Urlaubserlebnis. Natürlich stoßen unsere Schiffe Abgase aus, aber nicht so viel, wie immer behauptet wird. Die neuesten Schiffe, die gebaut werden, fahren jetzt schon mit umweltfreundlicherem Flüssiggas.
Und die angefahrenen Orte haben doch auch etwas davon, wenn die Urlauber ihre Städte besuchen. Natürlich geben die Fahrgäste nicht so viel Geld aus wie Hotelgäste. Doch jeder hat das Recht, schöne Orte zu entdecken, auch mit wenig Geld.“

M7 Ein Reeder (Schifffahrtsunternehmer) erklärt

AUFGABEN

1 *Erkläre, warum Schiffsreisen attraktiv sind.*
2 *Verfolge die Reiseroute auf Karte M3. Notiere die Länder, die die Familie während ihrer Reise besucht.*
3 *Stelle in einer Tabelle die Vorteile und die Nachteile von Kreuzfahrten gegenüber (M6 – M8).*
4 *Beurteile das Vorhaben einer chinesischen Reederei, Schiffe mit bis zu 9500 Passagieren zu bauen.*

ALLES KLAR?

Fit im Thema „Freizeit und Reisen“

1 *Schreibe die Sätze vollständig in dein Heft. In der richtigen Reihenfolge ergeben die Buchstaben das Lösungswort. Es ist der Name für den Unterschied zwischen Hoch- und Niedrigwasser.*

1. Früher verließen junge Menschen die Alpendörfer ...	... die Laub- und Nadelwaldstufe. (H)
2. Viele Hauptstädte sind wegen ihrer Sehenswürdigkeiten ...	... vor der eigenen Haustür. (D)
3. Naherholung beginnt schon ...	... die Bergwiesen. (U)
4. In den Sommermonaten kann es am Mittelmeer zu Wasserknappheit kommen ...	... möglichst umweltschonend zu reisen. (N)
5. Beim sanften Tourismus versucht man ...	... weil es wenig regnet und durch die Touristen noch mehr Wasser verbraucht wird. (E)
6. Bei den Höhenstufen gibt es ...	... beliebte Ziele für Städtetouristen. (I)
7. Mit dem Begriff „Matten“ bezeichnet man in den Bergen ...	... den Wechsel von Ebbe und Flut. (B)
8. Die Gezeiten sind ein Begriff für ...	... weil sie dort keine Arbeit mehr fanden. (T)

Was gehört zu welcher Küste?

1 *a) Ordne den Bildern Ⓐ und Ⓑ jeweils zwei der Sätze ① bis ④ zu.*

b) Begründe jeweils deine Entscheidung.

Ⓐ

Ⓑ

① Diese Region hat nährstoffreichen Boden und ist für viele Tiere ein wichtiger Lebensraum.

② Diese Küstenform findet man häufig an der Ostsee.

③ Ebbe und Flut gibt es hier nicht.

④ Weite Teile der Nordseeküste gehören zu diesem Gebiet.

Silbenrätsel

In diesem Silbenrätsel sind zehn Begriffe versteckt, die du in diesem Kapitel gelernt hast.

1 *a) Bilde die gesuchten Begriffe.*

b) Erkläre die Begriffe deiner Nachbarin oder deinem Nachbarn.

Sanf – Kreuz – ter – fahrt – Tou – ur – ris – laub– mus – We – Frei – ser – zeit – berg – park – land – Wat – Hö – ten – hen – meer – stu – fen – Städ– Mas – te – sen – tou – rei – se – ris – mus – Ti – Mit – den – tel – hub – meer

Lernkarte Alpenländer

1 ✎ *Benenne die mit Buchstaben markierten Staaten, Städte, Flüsse und Seen sowie Berge.*

2 ✎ *Benenne die mit Zahlen markierten Städte, Flüsse und Meere.*

3 ✋ *Zeichne eine Kartenskizze vom Alpenraum und trage in diese ein: die Staaten mit Anteil an den Alpen, einen Fluss, zwei Berge und sechs Städte deiner Wahl.*

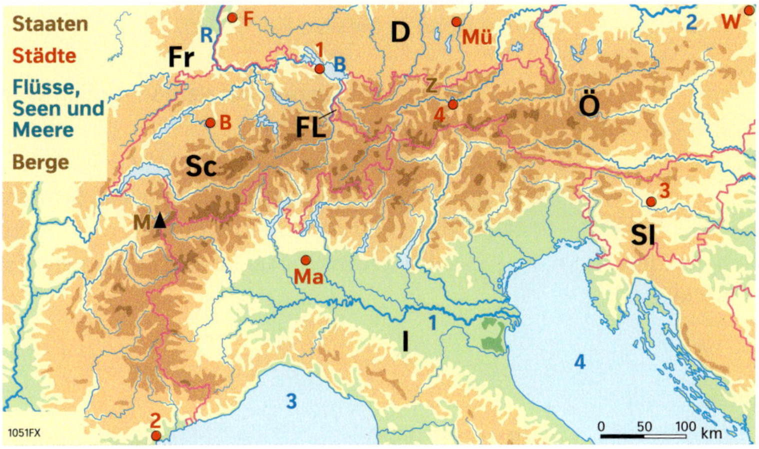

In den Alpen

1 ✎ *Erstelle ein Cluster zum Thema „Alpen". (Beispiel eines Clusters siehe Seite 86, M3)*

2 ✎ *Begründe, warum die Alpen ein vielfältiges Urlaubsgebiet sind.*

3 ✎ *Erkläre, welche Vorteile der Tourismus den Menschen vor Ort bieten kann.*

4 ✎ *Nenne Risiken, die durch den Massentourismus entstehen.*

5 ✋ *Zeichne ein Bildpaar, das die Alpen früher und heute gegenüberstellt.*

Der Mittelmeerraum

1 ✎ *Finde mithilfe des Atlas heraus, welche Länder am Mittelmeer liegen und welche nicht. Lege dazu eine Tabelle in deinem Heft an.*

(a) Griechenland (b) Türkei (c) Portugal (d) Syrien

(e)

(f)

(g)

(h)

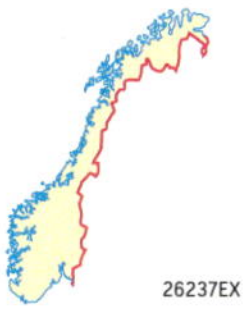

Grundbegriffe

Ebbe
Flut
Freizeit
Gezeiten
Hochwasser
Höhenstufe
Infrastruktur
Massentourismus
Naherholung
Naturschutz
Niedrigwasser
sanfter Tourismus
Städtereise
Tide

Web-Code: WES-101540-107

Starthilfen

1 Die Erde erkunden

Seite 10, Aufgabe 1a:
Zeichne einen Kreis als Erdkugel. Dazu kannst du einen Zirkel oder ein rundes Gefäß (z. B. einen Becher) benutzen.
Zeichne die schräge Erdachse ein. Trage den Äquator ein. Auch er muss etwas schräg gezeichnet werden. Beschrifte nun deine Skizze wie in der Aufgabe gefordert.

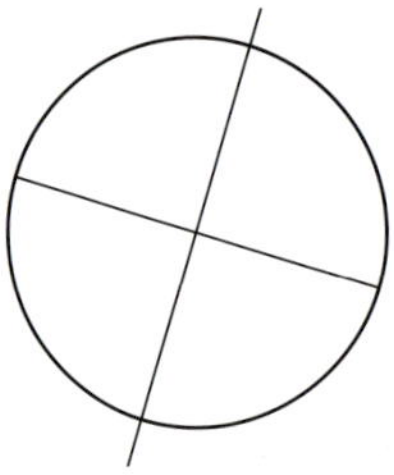

Seite 12, Aufgabe 4:
Beachte, dass die Erde eine Kugel ist. Ein Globus veranschaulicht dies eindrucksvoll.

Seite 15, Aufgabe 2:
Wortspeicher: Westen – Osten – Norden – Süden – Nordwesten – Südosten – Nordosten – Südwesten

Seite 17, Aufgabe 4a:
Hier eine Auswahl an berühmten Entdeckern, nach denen du recherchieren kannst: Roald Amundsen, James Cook, Vasco da Gama, Leif Eriksson, Francis Drake, Alexander von Humboldt.

Seite 20, Aufgabe 4:
Die Lage von Gebirgen und Flüssen beeinflusst die Landnutzung. Gib Beispiele an.

Seite 23, Aufgabe 4:
Schaue dir noch einmal genau an, wie Mina und Junis vorgehen und was über die Maßstabsleiste und die Maßstabszahl gesagt wird.
Berechne, wie das Verhältnis beim Maßstab 1 : 500 000 zwischen Karte und Wirklichkeit ist. Die Maßstabszahl hat fünf Nullen. Du streichst fünf Nullen weg. Das bedeutet: 1 cm auf der Karte und somit auf der Maßstabsleiste entsprechen 5 km in der Wirklichkeit.

Seite 25, Aufgabe 4:
Sollen Höhenunterschiede angegeben werden, dann geht es nicht um die Höhe über dem Meeresspiegel (die absolute Höhe). Höhenunterschiede betreffen die relative Höhe.
Beispiel: Du willst einen Berg besteigen. Der Berggipfel ist in der Karte mit 1500 m Höhe eingetragen. Deine Wanderung beginnt in der Berghütte, die 900 m über dem Meeresspiegel liegt. Du musst also einen Höhenunterschied von 600 m überwinden. Die absolute Höhe des Gipfels beträgt 1500 m ü. M., die relative Höhe in diesem Fall 600 m.

Seite 33, Aufgabe 1 (Leben auf der ISS und im Weltraum):
Denke daran, welche besonderen Lebensumstände im Weltraum vorherrschen (Sonneneinstrahlung, Schwerelosigkeit, keine Luft) und welche Aufgaben ein Astronaut beispielsweise im Außeneinsatz bewältigen muss.

2 Leben in Nordrhein-Westfalen

Seite 41, Aufgabe 1:
Schaue dir die Karte M1 an und beschreibe mithilfe der Karte die geographische Lage: zum Beispiel nordwestlich, westlich vom Rhein, an der Grenze der Niederlande.

Seite 43, Aufgabe 1:
Startpunkt ist die Realschule. Gib sorgfältig die Richtungen an, in die sich Louisa und Elif bewegen, zum Beispiel geradeaus, rechts oder links. Achte auch auf Orientierungspunkte wie Kreuzungen, Gebäude und Straßennamen.

Seite 45, Aufgabe 2:
Gründe können zum Beispiel sein: kulturelle Veranstaltungen und Feste, besondere Freizeitangebote ...

Seite 47, Aufgabe 2:
Achte in den Texten auf folgende Schlagworte: Messe, Park, Medien, Japan, Altstadt und Wohnungen.

Seite 47, Aufgabe 3:
Jeder der Texte Ⓐ–Ⓕ lässt sich einem Stadtviertel zuordnen (z. B. Innenstadt → City; Unterbilk und Oberbilk → Wohngebiete usw.). Notiere jeweils Merkmale, die kennzeichnend für das Viertel sind.
Für eine bessere Übersicht kannst du die Merkmale der Stadtviertel in einer Tabelle auflisten.

Stadtviertel	Merkmale
Wohngebiete	• überwiegend Wohnhäuser • ...
Industrie- und Gewerbegebiete	• liegen meist außerhalb der Innenstadt • ...
Erholungsgebiete	• ...
City	• ...

Seite 48, Aufgabe 1:
Überlege, was es bedeutet, nachhaltig zu leben: zum Beispiel Ressourcen schonen, sorgsam mit Dingen umgehen, nicht immer alles sofort wegwerfen, recyclen ...

Seite 51, Aufgabe 2:

	Autofahrt	Zugfahrt
Vorteile	• flexibel • ...	• kein Stau • ...
Nachteile	• Parkplatzsuche • ...	• an feste Zeiten gebunden • ...

Seite 54, Aufgabe 2:
Je mehr Licht → Hinweis auf zum Beispiel Wohngebiete, Industrie und Straßenbeleuchtung → Hinweis, dass sich dort Menschen aufhalten und leben. Vergleiche mit Karte M2.

3 Ein Blick auf Deutschland

Seite 64, Aufgabe 2:

Bundesland	Hauptstadt
Schleswig-Holstein	Kiel
...	...

Seite 66, Aufgabe 1a:
Wortspeicher: Fernsehturm, Brandenburger Tor, Reichstag, Bundeskanzleramt, Zoo, Siegessäule

Seite 66, Aufgabe 1b:
Achte auf die fett gedruckten Beschriftungen in der Karte (M3).

4 Freizeit und Reisen

Seite 77, Aufgabe 3:
Nutze für deine Tabelle besonders den Text „Die Stadt auf der Insel". Denke auch an deine eigenen Erfahrungen, die du an Orten mit vielen Besuchern gemacht hast.

Seite 77, Aufgabe 4:
Überlege, welche Auswirkungen ein Besucherstrom von 30 000 Gästen hat: auf die Läden, die Restaurants, die Dünen und den Strand, die Einheimischen und die anderen Gäste.

Seite 78, Aufgabe 3:
Um Baden zu gehen, muss das Wasser in Strandnähe sein. Das ist in der Zeit um den Hochwasserstand (HW) herum der Fall.

Seite 81, Aufgabe 6:
Beginne so: *Das Wattenmeer lässt sich grob in drei Bereiche unterscheiden: 1) die Dünen und der Strand, die nur ganz selten überflutet werden, 2) das Watt, das zweimal täglich überflutet wird, 3) der Meeresboden, der ständig überflutet ist. In den Dünen ...*

Seite 83, Aufgabe 6a:
Zur sicheren Unterscheidung von Nord- und Ostsee beantworte dir noch einmal folgende Fragen: Wo gibt es Ebbe und Flut? Wo gibt es steile bzw. flache Küsten? Was ist ein Randmeer, was ein Binnenmeer?

Seite 87, Aufgabe 6:
Berühmte Persönlichkeiten haben ihre Geburtsstadt berühmt gemacht. → Die Bekanntheit der Städte lockt Besucher an. → Die Besucher ...

Seite 91, Aufgabe 8:
Denke bei dieser Aufgabe auch daran, was du über den Klimawandel weißt. Wenn es auch in den Alpen immer wärmer wird, wie sicher ist dann noch der Schneefall? Wie reagieren die Ski-Orte? Gibt es dann noch mehr Schneekanonen und Pisten-Planierungen mit dem Restschnee?

Seite 93, Aufgabe 2:
Gehe bei deiner Beschreibung so vor:

- Nenne zuerst das Thema, das in dem Diagramm gezeigt wird.
- Schaue dir den Verlauf der Kurve genau an und beschreibe diese ganz grob (z. B. „steigt ständig an“),
- Nenne dabei auch den Startpunkt und den Endpunkt der Kurve.
- Gehe dann auf einzelne Auffälligkeiten ein (z. B. „Knick in der Kurve“).

Seite 95, Aufgabe 3:
Achte noch einmal auf die Unterschiede zwischen M1 und M4. Wo ist wie viel Natur zu sehen? Wo ist wie viel Betrieb zu sehen, zum Beispiel durch Menschen oder Gebäude?

Seite 97, Aufgabe 5:
Besonders im Text „Amsterdamer kämpfen um ihre Stadt“ findest du Kritik am Städtetourismus.

Seite 101, Aufgabe 4:
Für deine Beurteilung ist es gut, wenn du M1 und M2 genau betrachtest und im Text auf Seite 98 nachliest, wie viele Euro ein Urlauber ausgibt und Mallorca an Einnahmen erwirtschaften kann.

Geo-Lexikon

Alpen (S. 60, S. 63, S. 88)
Die Alpen gehören zu den vier → Großlandschaften Deutschlands.
Die Alpen sind das größte und höchste → Hochgebirge Europas, an dem Frankreich, Italien, die Schweiz, Deutschland, Liechtenstein, Österreich und Slowenien Anteil haben.

Alpenvorland (S. 60, S. 63)
Das Alpenvorland gehört zu den vier → Großlandschaften Deutschlands. Es ist relativ flach (Höhen um 400 bis 800 m ü. M.) und dehnt sich von der Donau bis zu den Nordalpen aus.

Äquator (S. 10)
Der Äquator ist eine gedachte Linie um den → Globus. Er ist der längste Breitenkreis, der die Erde in zwei Hälften teilt: die Nord- und die Südhalbkugel. Der Äquator hat eine Länge von etwa 40 000 km.

Atlas (S. 18)
Ein Atlas ist ein Buch, das anstelle von Texten eine Sammlung von → Karten enthält.

Ballungsraum (S. 54)
→ Verdichtungsraum

Bevölkerungsdichte (S. 54)
Durchschnittliche Anzahl der Einwohner pro Fläche eines bestimmten Gebietes (z. B. Staat, Region, Bezirk). Häufig werden Einwohner pro Quadratkilometer (Ew/km^2) angegeben. Die Bevölkerungsdichte wird errechnet, indem die Einwohnerzahl des Gebietes durch die Fläche des Gebietes geteilt wird.

Bundesland (S. 64)
Teilstaat der Bundesrepublik Deutschland. Es gibt insgesamt 16 Bundesländer. Drei davon sind Stadtstaaten, 13 sind Flächenstaaten.

City (S. 46)
Die City ist ein → Stadtviertel. Sie bildet den Kern größerer Städte und ist geprägt durch Kaufhäuser und Fachgeschäfte, Dienstleistungsbetriebe wie Banken, Fachärzte und Behörden sowie Restaurants und kulturelle Einrichtungen. In der City gibt es viele Arbeitsplätze, aber auch Wohnungen. Die Mieten sind hoch.

Daseinsgrundfunktion (S. 53)
Dieser Begriff umfasst die grundlegenden Bedürfnisse eines Menschen. Zu den Daseinsgrundfunktionen gehören Wohnen, Arbeiten, sich bilden, sich versorgen, in Gemeinschaft leben, am Verkehr teilnehmen und sich erholen.

Ebbe (S. 78)
Phase der → Gezeiten mit ablaufendem Wasser.

Erholungsgebiet (S. 46)
Ein Erholungsgebiet einer Stadt dient für Erholung, Freizeit und Sport. Zu Erholungsgebieten gehören Wälder, Seen, Parks, Grünflächen und Sportplätze der Stadt.

Flut (S. 78)
Phase der → Gezeiten mit auflaufendem Wasser.

Freizeit (S. 74)
Arbeitsfreie Zeit, die der Erholung von der Arbeit dienen soll. Die Freizeit kann gefüllt werden mit einer Vielzahl von Aktivitäten (z. B. Freizeit- und Erlebnisparks, Sportveranstaltungen).

Gezeiten (S. 78)
Ständig wiederkehrende Wasserstandsschwankungen des Meeres. Das abwechselnde Steigen (→ Flut) und Fallen (→ Ebbe) wird durch die Anziehungskraft des Mondes hervorgerufen. Die Gezeiten werden auch als Tide bezeichnet.

Globus (S. 10)
Der Globus ist ein verkleinertes Modell der Erde.

Großlandschaft (S. 60)
Deutschland ist in vier sogenannte Großlandschaften unterteilt. Von Norden nach Süden sind das: → Norddeutsches Tiefland, → Mittelgebirge, → Alpenvorland und → Alpen.

Hauptstadt (S. 66)
Stadt, in der die Regierung bzw. das Parlament eines Staates oder → Bundeslandes ihren Sitz hat.

Himmelsrichtung (S. 14)
Die Himmelsrichtungen helfen bei der Orientierung auf der Erde. Es gibt vier Haupthimmelsrichtungen: Norden, Osten, Süden und Westen.

Hochgebirge (S. 63, S. 88)
Gebirge mit schroffen Formen und deutlichen Höhenunterschieden: Die Berge erreichen Höhen von über 1500 m ü. M., wie zum Beispiel die → Alpen.

Hochwasser (S. 78)
Hochwasser bezeichnet den Zeitpunkt, zu dem die → Flut den höchsten Wasserstand erreicht hat, bevor die → Ebbe wieder einsetzt.

Höhenlinie (S. 25)
Eine Höhenlinie verbindet auf einer → Karte alle Punkte gleicher Höhe über dem Meeresspiegel.

Höhenstufe (S. 88)
Mit zunehmender Höhe ändern sich im Gebirge Temperatur, Niederschlag, Boden und Pflanzendecke. Die unterschiedlichen Stufen nennt man Höhenstufen.

Industrie- und Gewerbegebiet (S. 46)
Industrie- und Gewerbegebiete sind besondere Gebiete einer Stadt, die der Produktion von Gütern und Waren oder einer gewerblichen Nutzung dienen. Sie liegen meist am Rand einer Stadt. Hier gibt es zum Beispiel Fabriken, Lagerhallen, Handwerksbetriebe und Geschäfte.

Infrastruktur (S. 93)
Ausstattung eines Gebietes mit Einrichtungen wie Verkehrsnetz, Wasser- und Stromversorgung, Müllabfuhr, Krankenhäusern oder kulturellen Einrichtungen.

Karte (S. 18)
Eine Karte ist eine stark verkleinerte und vereinfachte Abbildung der Erdoberfläche. Es gibt → physische Karten und → thematische Karten.

Kontinent (S. 10, S. 12)
Bezeichnung für die großen Festlandsmassen. Es gibt sieben Kontinente (Erdteile).

Legende (S. 21, S. 38)
Erklärung der in einer → Karte verwendeten Zeichen.

Massentourismus (S. 93)
Eine Form des Tourismus, bei der viele Touristen zeitgleich ein Reiseziel besuchen. Die Touristenströme steigen durch mehr Urlaub, mehr Autos und Geld an und gefährden die Umwelt. Verkehrsstaus, Zersiedlung, Lärm- und Luftbelastung, Landschaftsschäden usw. können Folgen von Massentourismus sein.

Maßstab (S. 18, S. 22/23)
Gibt an, wievielmal kleiner eine Stecke auf der Karte als in der Natur ist.
Beispiel 1:100 000: 1 cm in der Karte = 100 000 cm (1 km) in der Natur.

Mittelgebirge (S. 60, S. 63)
Die Mittelgebirge gehören zu den vier → Großlandschaften Deutschlands.
Die Mittelgebirge sind von zahlreichen Höhenzügen geprägt. Mittelgebirge sind niedriger als → Hochgebirge und erreichen Höhen von 500 bis etwa 1500 m ü. M. Im Gegensatz zum Hochgebirge sind die Erhebungen abgerundet. Mittelgebirge sind häufig bewaldet.

Nachhaltigkeit (S. 48)
Nachhaltigkeit bedeutet, sorgsam mit den natürlichen Grundlagen der Erde (z. B. Boden, Wasser, Luft) umzugehen und verantwortlich zu handeln. Es soll so gewirtschaftet und gehandelt werden, dass die nachfolgenden Generationen nicht belastet werden, sondern die gleichen Möglichkeiten haben wie die heutige Generation.

Naherholung (S. 75)
Freizeitgestaltung in der näheren Umgebung, die sich zeitlich von der mehrstündigen und halbtägigen Erholung bis zum Wochenendausflug erstreckt.

Naturschutz (S. 95)
Das Erhalten schutzwürdiger Landschaften durch gezielte Maßnahmen. Die Landschaften sollen vor übermäßiger wirtschaftlicher Nutzung und schädigenden Eingriffen bewahrt werden. Dazu werden Naturschutzgebiete, Naturparks und Nationalparks ausgewiesen.

Niedrigwasser (S. 78)
Niedrigwasser bezeichnet den Zeitpunkt, zu dem die → Ebbe den niedrigsten Wasserstand erreicht hat, bevor die → Flut wieder einsetzt.

Norddeutsches Tiefland (S. 60/61)
Das Norddeutsche Tiefland gehört zu den vier → Großlandschaften Deutschlands. Es liegt zwischen 0 und 200 m ü. M. und erstreckt sich von der Nord- und Ostsee bis zu den → Mittelgebirgen.

Ozean (S. 10, S. 12)
Durch die Lage der → Kontinente wird die Wassermasse der Erde in drei Ozeane (Weltmeere) geteilt, den Pazifischen, den Atlantischen und den Indischen Ozean. Zusammen machen sie etwa drei Viertel der Erdoberfläche aus.

Pendler (S. 52)
Personen, die regelmäßig eine größere Entfernung zurücklegen, um von ihrem Wohnort zum Beispiel zu ihrem Arbeitsort oder Schulort zu gelangen.

physische Karte (S. 18)
Auf einer physischen Karte wird die Oberflächengestalt der Erde dargestellt. Die verschiedenen Farben kennzeichnen die Höhenschichten der jeweiligen Landschaft.

Planquadrat (S. 19)
Auf Karten wird ein Gitternetz gelegt. Dieses besteht aus senkrechten und waagerechten Linien. Auf diese Weise entstehen Planquadrate. Jedes Planquadrat wird durch einen Buchstaben und eine Zahl bestimmt.

Profil (S. 24)
Querschnitt durch eine Landschaft, zum Beispiel zur Veranschaulichung der Höhenunterschiede.

Rohstoff (S. 49, S. 145, S. 146)
Ausgangsmaterial, das zur Herstellung von Gütern benötigt wird. Je nach Herkunft bzw. Verwendung wird in pflanzliche (z. B. Holz, Baumwolle) oder tierische Rohstoffe (z. B. Schafwolle, Leder) sowie mineralische Rohstoffe (z. B. Gesteine, Erze, Salze) unterschieden.

sanfter Tourismus (S. 95, S. 101)
Eine Form des Tourismus, bei der der Tourismusort keinen Schaden nehmen soll. Sanfter Tourismus soll also möglichst umweltschonend sein, den Einheimischen nutzen und nicht schaden. Sanfter Tourismus wird oft als Gegenteil vom Massentourismus bezeichnet.

Städtereise (S. 72, S. 96/97)
Eine meist kurze Reise (z. B. ein Tag oder ein Wochenende) in eine Stadt. Im Mittelpunkt stehen die Erkundung der Stadt und ihrer Sehenswürdigkeiten sowie Veranstaltungen, Restaurantbesuche und Einkaufserlebnisse.

Stadtviertel (S. 46)
Größere Städte teilen sich in Stadtviertel auf, die durch bestimmte Funktionen gekennzeichnet sind. Stadtviertel zeichnen sich durch eine entsprechende Bebauung aus, wie zum Beispiel → Wohngebiete, → Industrie- und Gewerbegebiete, → Erholungsgebiete und die → City.

thematische Karte (S. 18)
Die thematische Karte stellt ein bestimmtes Thema dar, zum Beispiel das Vorkommen von Rohstoffen in einem Gebiet oder die landwirtschaftliche Nutzung eines Gebietes.

Tide (S. 78)
→ Gezeiten

Umland (S. 53)
Umgebung einer Stadt, die stärker ländlich geprägt ist.

Verdichtungsraum (S. 54)
Ein Verdichtungsraum oder Ballungsraum ist ein Gebiet, in dem besonders viele Menschen („verdichtet") leben. Hier gibt es eine hohe Dichte an Siedlungen, viele Arbeitsplätze und ein gut ausgebautes Verkehrsnetz.

Wohngebiet (S. 46)
Teil einer Stadt, in dem überwiegend Wohnhäuser stehen. Meist liegen in der Innenstadt die älteren Wohngebiete und am Rand der Stadt neuere Wohngebiete mit Einfamilienhäusern, Reihenhäusern, Wohnblocks und Hochhäusern.

Deutschland – physische Übersicht

Orte (Einwohner)
- ■ über 1 000 000
- ◉ 500 000 – 1 000 000
- ● 100 000 – 500 000
- ○ 20 000 – 100 000

Verwaltung
- Staatsgrenze
- Landesgrenze
- **Berlin** Hauptstadt eines Staates

Gewässer
- Fluss
- Kanal
- schiffbarer Fluss/Kanal
- See

Landhöhen (in Meter)
1500 1000 500 200 100 0

▲ 2962 Berghöhe

0 20 40 60 80 100 km

Deutschland – politische Übersicht

Verwaltung
- Staatsgrenze
- Landesgrenze

Orte
- Hauptstadt eines Staates
- Landeshauptstadt
- Stadt

Gewässer
- Fluss
- See

Maßstab 1 : 4 400 000

0 20 40 60 80 100 km

Nordrhein-Westfalen – physische Übersicht

Lage des Bundeslandes Nordrhein-Westfalen in Deutschland

Landhöhen (in Meter)

über 750
500 – 750
350 – 500
200 – 350
100 – 200
50 – 100
0 – 50

663 Berghöhe

Landschaften

Voreifel Gebirgsname

Sintfeld Landschaftsname

Gewässer

- Fluss
- schiffbarer Fluss
- Kanal
- schiffbarer Kanal
- See
- Staudamm, Stausee

Orte (Einwohner)

über	1 000 000
500 000 –	1 000 000
100 000 –	500 000
unter	100 000

geschlossene Besiedlung

Verwaltung (Grenzen)

- Staatsgrenze
- Landesgrenze

Düsseldorf Landeshauptstadt

Maßstab 1 : 1 600 000

0 10 20 30 40 50 km

Nordrhein-Westfalen – politische Übersicht

Verwaltung (Grenzen)

- Staatsgrenze
- Landesgrenze
- Regierungsbezirksgrenze
- Kreisgrenze

Verwaltungssitze

- Landeshauptstadt
- Hauptstadt eines Regierungsbezirks
- Kreisstadt

Lage des Bundeslandes Nordrhein-Westfalen in Deutschland

Maßstab 1 : 1 600 000

0 10 20 30 40 50 km

Nordrhein-Westfalen – physische Übersicht (nördlicher Teil)

24059EX_1a
8°
F
8°30′
G
9°
H
1
2
3
4
52°
51°30′
Damme
Dümmer
140
Niedersachsen
Bramsche
Wallenhorst
Bohmte
Stemwede
Rahden
Große Aue
Espelkamp
Petershagen
Neustadt am Rübenberge
Rehburg-Loccum
Steinhuder Meer
Wunstorf
Leine
Niedersachsen
Bad Nenndorf
Stadthagen
Barsinghausen
Deister
Mittellandkanal
Hille
Lübbecke
Hüllhorst
Minden
Weser
Westerkappeln
Lotte
Osnabrück
Belm
Bad Essen
Preußisch Oldendorf
Rödinghausen
Wiehengebirge
Porta Westfalica
Bückeburg
Bückeberge
Wesergebirge
Süntel
Bad Münder
437
Hasbergen
Bissendorf
Melle
Bünde
Kirchlengern
Löhne
Bad Oeynhausen
Rinteln
Hagen
331
Georgsmarienhütte
Hiddenhausen
Enger
Vlotho
Hessisch Oldendorf
Teutoburger Wald
Lienen
Bad Iburg
Hilter
Spenge
Herford
Weserbergland
Kalletal
Hameln
Borgholzhausen
Werther
Bad Salzuflen
Lipper Bergland
Extertal
Aerzen
Emmerthal
Versmold
Halle
Lemgo
Dörentrup
Ostbevern
Hessel
Steinhagen
Bielefeld
Werre
Leopoldshöhe
Lage
Barntrup
Bad Pyrmont
Sassenberg
Harsewinkel
Oerlinghausen
Detmold
Blomberg
Lügde
Münsterland
Warendorf
Beelen
Gütersloh
Everswinkel
Schloß Holte-Stukenbrock
Augustdorf
Emmer
Schieder-Schwalenberg
Herzebrock-Clarholz
Verl
Horn-Bad Meinberg
Steinheim
Sendenhorst
Ennigerloh
Oelde
Rheda-Wiedenbrück
Ems
Senne
439
Velmerstot
Marienmünster
Holzminden
Rietberg
Hövelhof
Schlangen
Nieheim
Bad Lippspringe
Höxter
Altenbeken
Ahlen
Beckum
173
Beckumer Berge
Langenberg
Delbrück
Paderborn
Eggegebirge
Oberwälder Land
Brakel
Bad Driburg
Nethe
Wadersloh
Hamm
Lippetal
Lippe
Lippstadt
Salzkotten
Borchen
Beverungen
Paderborner Hochfläche
Lichtenau
Willebadessen
Soester Börde
Geseke
Welver
Erwitte
Bad Sassendorf
Borgentreich
Haarstrang
Werl
Soest
Anröchte
Alme
Büren
Sintfeld
Warburger Börde
Diemel
Möhnesee
Rüthen
Bad Wünnenberg
Warburg
Hofgeismar
Wickede
Ense
Möhne
Marsberg
Menden
Arnsberg
Arnsberger Wald
Warstein
Briloner Höhen
Brilon
Hessen
Hemer
Bad Arolsen
Twiste
Diemelsee
Wolfhagen
Kassel
615
Balve
Sorpesee
Sundern
Ruhr
Meschede
Bestwig
Olsberg
Schauenburg
Habichtswald
Langer Wald
Alter Wald
Sauerland
843
Langenberg
Korbach
Waldeck
Baunatal
Neuenrade
Homert
Eslohe
Wenne
Lenne
Plettenberg
Kahler Asten
841
Winterberg
Medebach
Edersee
© Westermann

Nordrhein-Westfalen – physische Übersicht (südlicher Teil)

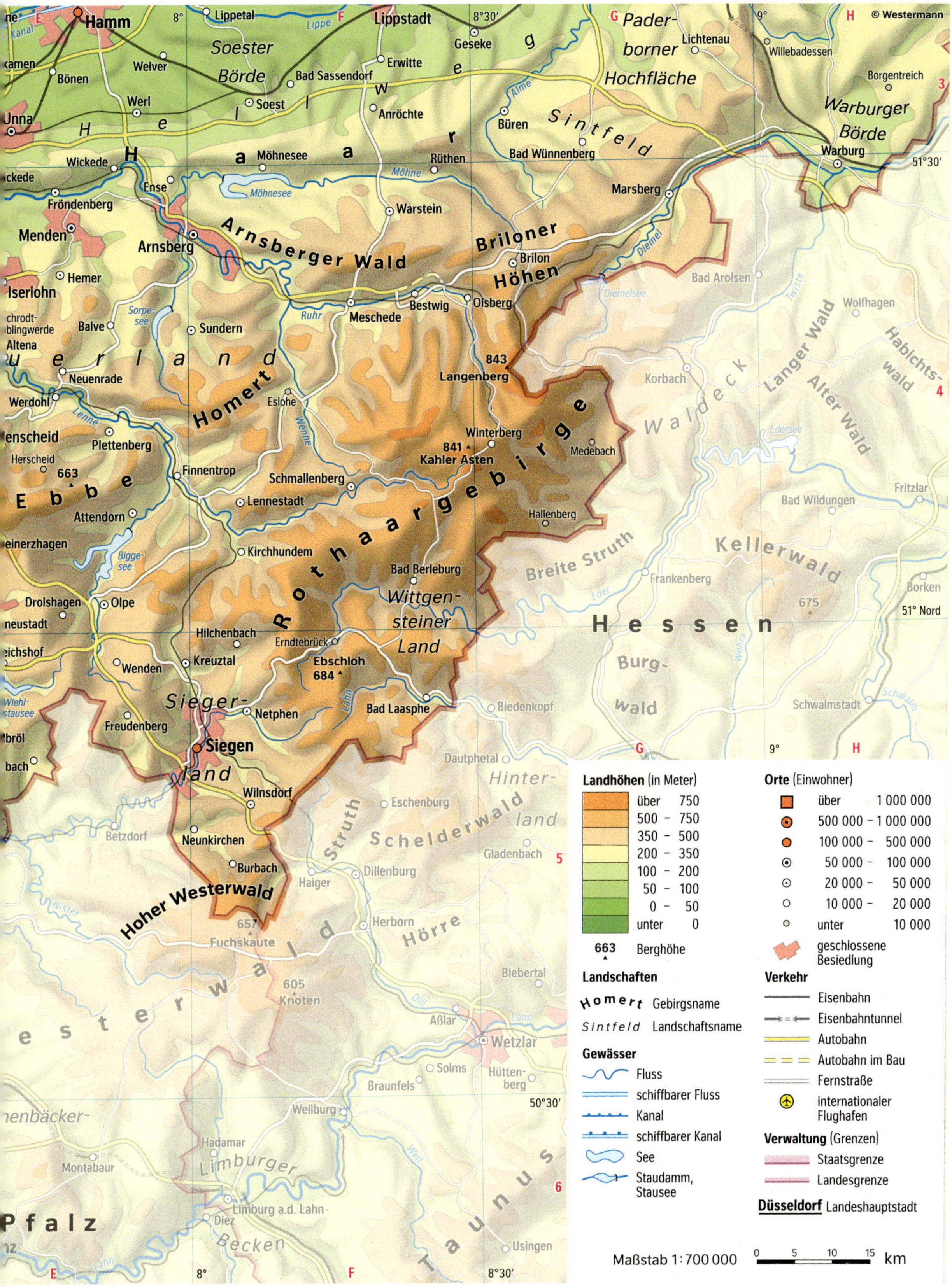
© Westermann
Hamm
Lippetal
Lippe
Lippstadt
Soester Börde
Welver
Bönen
Bad Sassendorf
Erwitte
Geseke
Hellweg
Paderborner Hochfläche
Lichtenau
Willebadessen
Borgentreich
Warburger Börde
Warburg
Werl
Soest
Anröchte
Büren
Alme
Sintfeld
Bad Wünnenberg
Unna
Wickede
Möhnesee
Möhne
Rüthen
Ense
Fröndenberg
Menden
Arnsberg
Arnsberger Wald
Warstein
Marsberg
Briloner Höhen
Brilon
Diemel
Diemelsee
Bad Arolsen
Twiste
Hemer
Iserlohn
Ruhr
Meschede
Bestwig
Olsberg
Sorpesee
Balve
Sundern
Altena
Sauerland
Homert
Eslohe
Wenne
Neuenrade
Werdohl
Lenne
843
Langenberg
Korbach
Waldeck
Langer Wald
Alter Wald
Habichtswald
Wolfhagen
Plettenberg
Herscheid
663
Ebbe
Finnentrop
Winterberg
841
Kahler Asten
Medebach
Edersee
Rothaargebirge
Schmallenberg
Lennestadt
Attendorn
Meinerzhagen
Biggesee
Kirchhundem
Hallenberg
Bad Wildungen
Fritzlar
Breite Struth
Kellerwald
Frankenberg
Eder
Borken
675
51° Nord
Drolshagen
Olpe
Bad Berleburg
Wittgensteiner Land
Hilchenbach
Erndtebrück
Hessen
Wohra
Burgwald
Kreuztal
Wenden
Ebschloh
684
Lahn
Siegerland
Netphen
Bad Laasphe
Biedenkopf
Schwalmstadt
Schwalm
Wiehlstausee
Freudenberg
Siegen
Dautphetal
Hinterland
Wilnsdorf
Eschenburg
Schelderwald
Betzdorf
Neunkirchen
Gladenbach
Burbach
Struth
Haiger
Dillenburg
Hoher Westerwald
Nister
657
Fuchskaute
Herborn
Hörre
Westerwald
605
Knoten
Biebertal
Dill
Aßlar
Wetzlar
Solms
Hüttenberg
Braunfels
Weilburg
50°30'
Hadamar
Montabaur
Limburger Becken
Weil
Taunus
Limburg a.d. Lahn
Diez
Usingen
Rheinland-Pfalz
8°
8°30'
9°
51°30'
E
F
G
H
3
4
5
6
Landhöhen (in Meter)
über 750
500 - 750
350 - 500
200 - 350
100 - 200
50 - 100
0 - 50
unter 0
663 Berghöhe
Landschaften
Homert Gebirgsname
Sintfeld Landschaftsname
Gewässer
Fluss
schiffbarer Fluss
Kanal
schiffbarer Kanal
See
Staudamm, Stausee
Orte (Einwohner)
über 1 000 000
500 000 - 1 000 000
100 000 - 500 000
50 000 - 100 000
20 000 - 50 000
10 000 - 20 000
unter 10 000
geschlossene Besiedlung
Verkehr
Eisenbahn
Eisenbahntunnel
Autobahn
Autobahn im Bau
Fernstraße
internationaler Flughafen
Verwaltung (Grenzen)
Staatsgrenze
Landesgrenze
Düsseldorf Landeshauptstadt
Maßstab 1:700 000
0 5 10 15 km

Atlasteil – Register

Bildquellenverzeichnis

Titel: stock.adobe.com, Dublin (apfelweile); Titel: iStockphoto.com, Calgary (PPAMPicture); 3: fotolia.com, New York (dd); 3: stock.adobe.com, Dublin (sborisov); 3: iStockphoto.com, Calgary (Wavebreakmedia); 4: vario images, Bonn (Giese, Maike / euroluftbild.de); 4: stock.adobe.com, Dublin (largstorff, Wolfgang); 5: Alamy Stock Photo (RMB), Abingdon/Oxfordshire (imageBROKER); 5: Alamy Stock Photo (RMB), Abingdon/Oxfordshire (imageBROKER); 6: Alamy Stock Photo (RMB), Abingdon/Oxfordshire (Peter Horree); 6: Picture-Alliance GmbH, Frankfurt/M. (Goldmann, R.); 6: stock.adobe.com, Dublin (Tobilander); 6: fotolia.com, New York (eyetronic); 7: iStockphoto.com, Calgary (swedewah); 7: dreamstime.com, Brentwood (Vatikaki); 7: iStockphoto.com, Calgary (chuyu); 7: Shutterstock.com, New York (Ammit Jack); 7: dreamstime.com, Brentwood (Bidouze Stéphane); 7: Dietz, Joachim, Böllenborn; 8: iStockphoto.com, Calgary (Wavebreakmedia); 10: Getty Images (RF), München (Stocktrek Images); 11: Picture-Alliance GmbH, Frankfurt/M. (dpa/Pedersen, Britta); 11: Shutterstock.com, New York (buradaki); 11: Shutterstock.com, New York (buradaki); 12: Güttler, Peter - Freier Redaktions-Dienst (GEO), Berlin; 14: stock.adobe.com, Dublin (Daxenbichler, Patrick); 14: Karto-Grafik Heidolph, Dachau; 14: stock.adobe.com, Dublin (IRIS Productions); 14: stock.adobe.com, Dublin (denis_333); 14: stock.adobe.com, Dublin (Pushkarev, Igor); 15: stock.adobe.com, Dublin (Lohrbach, Marina); 15: Shutterstock.com, New York (Abrahamyan, Vahan); 15: iStockphoto.com, Calgary (mweirauch); 16: Karto-Grafik Heidolph, Dachau; 16: Karto-Grafik Heidolph, Dachau; 17: Mithoff, Stephanie, Gehrden; 20: Güttler, Peter - Freier Redaktions-Dienst (GEO), Berlin; 20: Güttler, Peter - Freier Redaktions-Dienst (GEO), Berlin; 20: Güttler, Peter - Freier Redaktions-Dienst (GEO), Berlin; 20: Güttler, Peter - Freier Redaktions-Dienst (GEO), Berlin; 20: Güttler, Peter - Freier Redaktions-Dienst (GEO), Berlin; 20: Güttler, Peter - Freier Redaktions-Dienst (GEO), Berlin; 22: stock.adobe.com, Dublin (lotosfoto); 23: iStockphoto.com, Calgary (Ismailciydem); 24 1: Landesamt für Geoinformation und Landentwicklung Baden-Württemberg (www.lgl-bw.de), Stuttgart (Geobasisdaten © LGL, www.lgl-bw.de); 25: stock.adobe.com, Dublin (alp sahin/EyeEm); 27: Artbox Grafik & Satz GmbH, Bremen; 28: Humbach, Markus, Osnabrück; 28: Mithoff, Stephanie, Gehrden; 29: Shutterstock.com, New York (Foltin, Anton); 29: fotolia.com, New York (Maygutyak); 29: stock.adobe.com, Dublin (Brian_Kinney); 29: fotolia.com, New York (icarmen13); 29: Humbach, Markus, Osnabrück; 29: stock.adobe.com, Dublin (Sugrit); 29: iStockphoto.com, Calgary (Sack, Juergen); 30: Google Inc., Hamburg; 31: Google LLC; 31: Google Inc., Hamburg; 31: Google LLC; 33: Alamy Stock Photo (RMB), Abingdon/Oxfordshire (NASA Photo); 33: Karto-Grafik Heidolph, Dachau; 34: stock.adobe.com, Dublin (sborisov); 37: Picture-Alliance GmbH, Frankfurt/M. (Bildagentur Huber/Lubenow); 37: stock.adobe.com, Dublin (Engel, David J.); 37: iStockphoto.com, Calgary (Alexphotos19); 37: stock.adobe.com, Dublin (Smith, John); 37: stock.adobe.com, Dublin (Berg, Martina); 38: Minner, Katrin, Sundern; 38: Minner, Katrin, Sundern; 38: Karto-Grafik Heidolph, Dachau; 39: Minner, Katrin, Sundern; 39: Minner, Katrin, Sundern; 40: iStockphoto.com, Calgary (Maica); 40: PantherMedia GmbH (panthermedia.net), München (Schleicher, Wolgang); 40: stock.adobe.com, Dublin (Pixel62); 41: stock.adobe.com, Dublin (ArTo); 41: stock.adobe.com, Dublin (dietwalther); 41: stock.adobe.com, Dublin (Stürznickel, E.); 41: Minner, Katrin, Sundern; 42: iStockphoto.com, Calgary (Maica); 42: stock.adobe.com, Dublin (khosrork); 42: Regionalverband Ruhr, Essen; 43: stock.adobe.com, Dublin (VRD); 44: iStockphoto.com, Calgary (benedek); 44: stock.adobe.com, Dublin (engel.ac); 44: iStockphoto.com, Calgary (justhavealook); 44: Picture-Alliance GmbH, Frankfurt/M. (dpa/Hitij, Maja); 44: Picture-Alliance GmbH, Frankfurt/M. (dpa/Gateau, Christophe); 45: iStockphoto.com, Calgary (m-imagephotography); 45: iStockphoto.com, Calgary (Doller, Max); 45: Shutterstock.com, New York (Sorbis); 45: Shutterstock.com, New York (oes); 45: Shutterstock.com, New York (Africa Studio); 46: Shutterstock.com, New York (Peeradontax); 46: iStockphoto.com, Calgary (saiko3p); 47: stock.adobe.com, Dublin (v. Allenstein, Adrian); 47: iStockphoto.com, Calgary (benedek); 47: Shutterstock.com, New York (Engbers, Hans); 47: stock.adobe.com, Dublin (Pieber, Ernst); 48: Shutterstock.com, New York (SpeedKingz); 48: stock.adobe.com, Dublin (Ахтем); 48: stock.adobe.com, Dublin (Werner); 49: iStockphoto.com, Calgary (JANIFEST); 49: Kartographie Michael Hermes, Hardegsen Hevensen; 49: Picture-Alliance GmbH, Frankfurt/M. (dpa-tmn/Scholz, Markus); 50: PantherMedia GmbH (panthermedia.net), München (DaVidich); 50: iStockphoto.com, Calgary (Cultura RF/Oppo, Stefano); 50: iStockphoto.com, Calgary (We-Ge); 50: Shutterstock.com, New York (saiko3p); 50: Shutterstock.com, New York (Vitleo, Vitalii); 50: Shutterstock.com, New York (Tihonovs, Alex); 51: iStockphoto.com, Calgary (monkeybusinessimages); 51: iStockphoto.com, Calgary (vgajic); 52: iStockphoto.com, Calgary (Imgorthand); 52: stock.adobe.com, Dublin (Kara); 52: Picture-Alliance GmbH, Frankfurt/M. (dpa/Bimmer, Fabian); 53: Karto-Grafik Heidolph, Dachau; 54: stock.adobe.com, Dublin (Le Bloas, Guillaume); 55: Mithoff, Stephanie, Gehrden; 55: Mithoff, Stephanie, Gehrden; 58: stock.adobe.com, Dublin (Dreger, Thomas); 58: fotolia.com, New York (dd); 59: mauritius images GmbH, Mittenwald (Siebig, Udo); 59: stock.adobe.com, Dublin (wsf-f); 61: iStockphoto.com, Calgary (cinoby); 62: iStockphoto.com, Calgary (ollo); 63: Shutterstock.com, New York (Rochau, Alexander); 64: Picture-Alliance GmbH, Frankfurt/M. (dpa/Zentralbild); 64: Güttler, Peter - Freier Redaktions-Dienst (GEO), Berlin; 64: Güttler, Peter - Freier Redaktions-Dienst (GEO), Berlin; 64: Güttler, Peter - Freier Redaktions-Dienst (GEO), Berlin; 64: Güttler, Peter - Freier Redaktions-Dienst (GEO), Berlin; 64: Güttler, Peter - Freier Redaktions-Dienst (GEO), Berlin; 64: Güttler, Peter - Freier Redaktions-Dienst (GEO), Berlin; 64: Güttler, Peter - Freier Redaktions-Dienst (GEO), Berlin; 64: Güttler, Peter - Freier Redaktions-Dienst (GEO), Berlin; 65: Güttler, Peter - Freier Redaktions-Dienst, Berlin; 65: Güttler, Peter - Freier Redaktions-Dienst (GEO), Berlin; 65: Güttler, Peter - Freier Redaktions-Dienst (GEO), Berlin; 65: Güttler, Peter - Freier Redaktions-Dienst (GEO), Berlin; 65: Güttler, Peter - Freier Redaktions-Dienst (GEO), Berlin; 65: Güttler, Peter - Freier Redaktions-Dienst (GEO), Berlin; 65: Güttler, Peter - Freier Redaktions-Dienst (GEO), Berlin; 65: Güttler, Peter - Freier Redaktions-Dienst (GEO), Berlin; 65: Güttler, Peter - Freier Redaktions-Dienst (GEO), Berlin; 65: PantherMedia GmbH (panthermedia.net), München (Humber, Jürgen); 65: Jägersküpper, Dr. Klaus H., Essen; 66: iStockphoto.com, Calgary (bluejayphoto); 66: Shutterstock.com, New York (hanohiki); 66: fotolia.com, New York (kameraauge); 66: stock.adobe.com, Dublin (SeanPavonePhoto); 66:

iStockphoto.com, Calgary (Markovskiy, Mikhail); 66: stock.adobe.com, Dublin (thorabeti); 66: Shutterstock.com, New York (canadastock); 67: Süddeutsche Zeitung - Photo, München (Lehnartz, Klaus / Süddeutsche Zeitung Photo); 67: Güttler, Peter - Freier Redaktions-Dienst (GEO), Berlin; 68: Güttler, Peter - Freier Redaktions-Dienst (GEO), Berlin; 68: Güttler, Peter - Freier Redaktions-Dienst (GEO), Berlin; 69: mauritius images GmbH, Mittenwald (Siebig, Udo); 69: stock.adobe.com, Dublin (Dreger, Thomas); 69: stock.adobe.com, Dublin (wsf-f); 69: fotolia.com, New York (dd); 70: vario images, Bonn (Giese, Maike / euroluftbild.de); 70: stock.adobe.com, Dublin (Wolfilser); 72: stock.adobe.com, Dublin (rbkelle); 73: Dietz, Joachim, Böllenborn; 73: Fürstenberg, Stephanie, Speyer; 74: Groß, Richard, Haaren; 74: stock.adobe.com, Dublin (Andreas P); 74: stock.adobe.com, Dublin (ARochau); 74: stock.adobe.com, Dublin (Kadmy); 75: Kartographie Michael Hermes, Hardegsen Hevensen; 75: Picture-Alliance GmbH, Frankfurt/M. (euroluftbild.de/Hans Blossey); 75: Phantasialand Schmidt-Löffelhardt GmbH & Co. KG, Brühl; 75: alpincenter Bottrop, Bottrop (van der Voort, Rob); 75: Kartographie Michael Hermes, Hardegsen Hevensen; 76: PantherMedia GmbH (panthermedia.net), München (carl); 76: iStockphoto.com, Calgary (Wavebreakmedia); 76: PantherMedia GmbH (panthermedia.net), München (Huttanus, Ralf); 76: stock.adobe.com, Dublin (Topf, Martina); 77: stock.adobe.com, Dublin (Oberfrank-List, Doris); 77: Kartographie Michael Hermes, Hardegsen Hevensen; 77: stock.adobe.com, Dublin (fotografci); 78: iStockphoto.com, Calgary (kali9); 78: iStockphoto.com, Calgary (Wavebreakmedia); 78: Kraft, Dieter, Kiel; 78: Kraft, Dieter, Kiel; 79: iStockphoto.com, Calgary (Wavebreakmedia); 79: Karto-Grafik Heidolph, Dachau; 80: Picture-Alliance GmbH, Frankfurt/M. (dpa/Dittrich, Hauke-Christian Dittrich); 80: iStockphoto.com, Calgary (Wavebreakmedia); 80: iStockphoto.com, Calgary (Wavebreakmedia); 80: Picture-Alliance GmbH, Frankfurt/M. (blickwinkel/Franz, G.); 80: stock.adobe.com, Dublin (djama); 81: iStockphoto.com, Calgary (Wavebreakmedia); 81: Schönauer-Kornek, Sabine, Wolfenbüttel; 81: Fürstenberg, Stephanie, Speyer; 81: Fürstenberg, Stephanie, Speyer; 81: Fürstenberg, Stephanie, Speyer; 81: Fürstenberg, Stephanie, Speyer; 81: Fürstenberg, Stephanie, Speyer; 81: Fürstenberg, Stephanie, Speyer; 82: iStockphoto.com, Calgary (Wavebreakmedia); 82: Shutterstock.com, New York (hecke61); 82: fotolia.com, New York (Markus Haack); 82: stock.adobe.com, Dublin (Edler von Rabenstein); 82: Güttler, Peter - Freier Redaktions-Dienst (GEO), Berlin; 83: iStockphoto.com, Calgary (bluejayphoto); 83: iStockphoto.com, Calgary (bluejayphoto); 83: stock.adobe.com, Dublin (Rico Ködder); 84: Rüther, Frank, Haaren; 84: Rüther, Frank, Haaren; 85: Rüther, Frank, Haaren; 85: iStockphoto.com, Calgary (geogif); 86: Rüther, Frank, Haaren; 87: Rüther, Frank, Haaren; 87: iStockphoto.com, Calgary (Teka77); 87: stock.adobe.com, Dublin (pixs:sell); 88: stock.adobe.com, Dublin (Andreas P); 88: stock.adobe.com, Dublin (Topchii, Max); 88: stock.adobe.com, Dublin (outdoorpixel); 89: Berghahn, Matthias, Bielefeld; 90: Berghahn, Matthias, Bielefeld; 91: iStockphoto.com, Calgary (amriphoto); 91: iStockphoto.com, Calgary (scubaluna); 91: stock.adobe.com, Dublin (T.Sander); 91: stock.adobe.com, Dublin (Waldhart, Gerold H.); 91: stock.adobe.com, Dublin (fotobeam.de); 92: Picture-Alliance GmbH, Frankfurt/M. (dpa/Kleefeldt, Frank); 92: Lohmann, Alexander Maria, Obergurgl; 93: Lohmann, Alexander Maria, Obergurgl; 93: APA-PictureDesk GmbH, Wien (Wild, Gerhard); 94: Tourismusverband Werfenweng, A-Werfenweng (Peter Schwaiger); 94: iStockphoto.com, Calgary (Mike_Sheridan); 94: Mithoff, Stephanie, Gehrden; 95: Mithoff, Stephanie, Gehrden; 96: Kartographie Michael Hermes, Hardegsen Hevensen; 96: iStockphoto.com, Calgary (mh-fotos); 97: iStockphoto.com, Calgary (oversnap); 97: Alamy Stock Photo (RMB), Abingdon/Oxfordshire (Borisov, Sergey); 97: Shutterstock.com, New York (Tronin, Konstantin); 97: stock.adobe.com, Dublin (Yasonya); 98: stock.adobe.com, Dublin (Fälchle, Jürgen); 99: stock.adobe.com, Dublin (Schwartz, Hendrik); 99: stock.adobe.com, Dublin (pixelliebe); 100: Picture-Alliance GmbH, Frankfurt/M. (dpa/Margais, Clara); 101: iStockphoto.com, Calgary (MKCinamatography); 102: iStockphoto.com, Calgary (Juanmonino); 102: iStockphoto.com, Calgary (mheim3011); 102: iStockphoto.com, Calgary (Juanmonino); 102: iStockphoto.com, Calgary (ajr_images); 103: iStockphoto.com, Calgary (Juanmonino); 104: Shutterstock.com, New York (Pavel L Photo and Video); 104: Shutterstock.com, New York (Vintagepix); 104: Shutterstock.com, New York (Courtney, Nicholas); 105: Shutterstock.com, New York (TheVagabond V.Schaal); 105: Shutterstock.com, New York (auphoto); 106: iStockphoto.com, Calgary (Animaflora); 106: fotolia.com, New York (CeHa); 107: Güttler, Peter - Freier Redaktions-Dienst (GEO), Berlin; 107: Güttler, Peter - Freier Redaktions-Dienst (GEO), Berlin; 107: Güttler, Peter - Freier Redaktions-Dienst (GEO), Berlin; 107: Güttler, Peter - Freier Redaktions-Dienst (GEO), Berlin; 107: Güttler, Peter - Freier Redaktions-Dienst (GEO), Berlin.

Wir arbeiten sehr sorgfältig daran, für alle verwendeten Abbildungen die Rechteinhaberinnen und Rechteinhaber zu ermitteln. Sollte uns dies im Einzelfall nicht vollständig gelungen sein, werden berechtigte Ansprüche selbstverständlich im Rahmen der üblichen Vereinbarungen abgegolten.

Landhöhen (in Meter)
Gletscher
über 3000
1500 - 3000
1000 - 1500
500 - 1000
200 - 500
100 - 200
0 - 100
unter 0
1491 Berghöhe
90 sonstige Höhenangabe
Meerestiefen (in Meter)
0 - 200
200 - 2000
2000 - 4000
unter 4000
238 Tiefenangabe
Gewässer
Fluss
Kanal
See
Städte (Einwohner)
über 10 000 000
5 000 000-10 000 000
1 000 000- 5 000 000
unter 1 000 000
0 100 200 300 km
Dänemarkstraße
Europäisches
Nordmeer
Reykjavík
Island
Hekla
1491
Hvannadals-hnúkur
2119
3860
Lofoten
Färöer
Shetland-Inseln
Orkney-Inseln
Hebriden
Britische Inseln
Atlantischer Ozean
Schottisches Hochland
1343
Glasgow
238
Großbritannien
Irland
Dublin
1041
Irische See
Newcastle upon Tyne
Liverpool
Leeds
Manchester
Sheffield
Birmingham
St.-Georgs-Kanal
England
London
Land's End
Ärmelkanal
Str. v. Dover
Kanalinseln
Nordsee
Amsterdam
Rotterdam
Skagerrak
Kattegat
Jütland
Kopenhagen
Born-holm
2083
Oslo
Vänersee
44
Stock
Vätter-see
Skandinavien
Hamburg
Norddeutsches Tiefland
Hannover
Berlin
1142
Elbe
Düsseldorf
Köln
Lille
Brüssel
Deutsche Mittelgebirge
Frankfurt
187
1603
Prag
Nürnberg
Stuttgart
Donau
München
Rhein
Normandie
Bretagne
Pariser Becken
Seine
Paris
Loire
5858
Golf von Biskaya
Jura
Zürich
2962
Alpen
Wien
3798
Großglockner
Lyon
Mt. Blanc
4810
Zentral-massiv
1886
Bordeaux
Rhône
Turin
Mailand
Poebene
Po
Kap Finisterre
Kantabrisches Gebirge
Bilbao
Pyrenäen
3404
Toulouse
Marseille
Golfe du Lion
Apenninen
Adriatisches M
2914
Rom
Korsika
2710
Porto
Hochland von Kastilien
Madrid
Ebro
Tajo
Barcelona
Lissabon
Valencia
Sierra Morena
Sevilla
Betische Kordillere
3478
Balearen
Mallorca
Sardinien
1834
Neapel
3785
Tyrrhenisches Meer
Str. v. Gibraltar
Mittelmeer
Palermo
3350
Ätna
Sizilien
Malta
Algier
Oran
Tunis
Rabat
Fès
Casablanca